Erwin Kräutler
Erneuerung jetzt

Erwin Kräutler

Erneuerung
jetzt

Impulse zur
Kirchenreform
aus Amazonien

In Zusammenarbeit mit Josef Bruckmoser

Tyrolia-Verlag · Innsbruck-Wien

Nachhaltige Produktion ist uns ein Anliegen; wir möchten die Belastung unserer Mitwelt so gering wie möglich halten. Über unsere Druckereien garantieren wir ein hohes Maß an Umweltverträglichkeit: Wir lassen ausschließlich auf FSC®-Papieren aus verantwortungsvollen Quellen drucken, verwenden Farben auf Pflanzenölbasis, Klebestoffe ohne Lösungsmittel und Drucklacke auf Wasserbasis. Wir produzieren in Österreich und im nahen europäischen Ausland, auf Produktionen in Fernost verzichten wir ganz.

Mitglied der Verlagsgruppe „engagement"

© 2019 Verlagsanstalt Tyrolia, Innsbruck
Umschlaggestaltung: stadthaus 38, Innsbruck, unter Verwendung von zwei Fotos von Wolfgang Heindl / SEI SO FREI
Layout und digitale Gestaltung: Tyrolia-Verlag, Innsbruck
Druck und Bindung: FINIDR, Tschechien
ISBN 978-3-7022-3786-8 (gedrucktes Buch)
ISBN 978-3-7022-3787-5 (E-Book)
E-Mail: buchverlag@tyrolia.at
Internet: www.tyrolia-verlag.at

Inhaltsverzeichnis

Vorwort 7

1. **Amazonien – Leidensgeschichte und Aufbrüche**   9
    1.1. Seit tausenden Jahren leben indigene Völker
    in Amazonien 11
    1.2. Transamazônica – unberührte Urwälder systematisch
    zerstört 21
    1.3. Die Kirche der Laien pflegte ihre eigenen Riten 29
    1.4. Der Schrei der Kirche zum Schutz des Lebens
    in Amazonien 35
    1.5. Wie die Ökologie in der Weltkirche zum Thema wurde. 51

2. **Unsere Synode – eine erneuerte Kirche nicht nur
    für Lateinamerika** 59
    2.1. Eine Audienz mit Auftrag: „Macht mir mutige
    Vorschläge!" 61
    2.2. Wie Franziskus die Erneuerung voranbringen will ... 71
    2.3. *Laudato si'* – es geht um das gute Leben für Mensch
    und Natur 87
    2.4. Der Prozess der Erneuerung führt vom Rand in das
    Zentrum 97
    2.5. Neue Wege für die Kirche und für eine ganzheitliche
    Ökologie 102

3. **Weiheämter – die Zeit ist reif für eine Öffnung** . 111
3.1. Dienstämter für unsere Gemeindeleiter und
 -leiterinnen 113
3.2. Widerstände aus konservativen Kirchenkreisen 128
3.3. Keine Frage des Mangels, sondern der
 Geschlechtergerechtigkeit 131
3.4. Ein Vorstoß für *viri probati* und Diakoninnen aus
 Österreich 139
3.5. Initiativen aus anderen Regionen der Weltkirche . . . 146

Ausblick – Erneuerung der Kirche jetzt 151

Abkürzungen 155
Weiterführende Literatur 156

Vorwort

„Amazonien – neue Wege für die Kirche und für eine ganzheitliche Ökologie". Unter diesem Titel steht die Sonderversammlung der Bischofssynode für das Amazonasgebiet im Oktober 2019 in Rom. Damit hat Papst Franziskus eine Bischofsversammlung für einen geografischen und kulturellen Großraum einberufen, der Teile von neun Ländern des südamerikanischen Kontinents umfasst. Dieses Gebiet hat durch seinen Regenwald und die indigenen Völker eine weltweit einzigartige Bedeutung.

Das Evangelium Jesu in Amazonien zu verkünden, habe eine biblisch-theologische, gesellschaftliche und ökologische Dimension, heißt es im Vorbereitungsdokument der Amazoniensynode. Dieses wurde in einem breit angelegten Gesprächsprozess des Volkes und der Bischöfe erarbeitet. „Heutzutage ist der Hilfeschrei Amazoniens an den Schöpfer ebenso stürmisch wie der Hilfeschrei des Gottesvolkes in Ägypten."

Maßgeblich beteiligt an der Synode ist der österreichisch-brasilianische Bischof Erwin Kräutler. Der emeritierte Oberhirte der Diözese Xingu gehört dem 18-köpfigen Vorsynodalen Rat an. Papst Franziskus hatte Erwin Kräutler persönlich schon bei einer Privataudienz am 4. April 2014 in Rom aufgefordert, die Bischöfe sollten ihm „mutige" Vorschläge für die Erneuerung der Kirche in Amazonien machen.

Ein solcher „mutiger" Vorschlag sind neue Zugänge zum Weiheamt für Männer und Frauen. Dies wird damit begründet, dass viele Gemeinden in Amazonien die sonntägliche Eucharistie nur zwei, drei Mal im Jahr feiern könnten. Die Feier der Sonntagsmesse könne auf Dauer aber nicht daran scheitern, dass kein zölibatärer, geweihter Mann zur Verfügung stehe. Lösungsansätze werden in der Weihe von bewährten verheirateten Männern (*viri probati*) und von Diakoninnen gesehen.

Erwin Kräutler geht einen Schritt weiter, wenn er von *personae probatae* – Männer wie Frauen – spricht. Die Weihe von Frauen sei eine Frage der Geschlechtergerechtigkeit, nicht eine Frage des Priestermangels: „Ich bin überzeugt, dass die gleiche Würde der Frau bei der Zulassung zu den Weiheämtern kommen wird. Und ich hoffe, dass die Amazoniensynode dafür bahnbrechend sein wird oder wenigstens einige Schritte in die richtige Richtung macht. Wenn nicht, dann haben wir eine weitere Chance der längst notwendigen Erneuerung der Kirche verloren."

Salzburg, im Juli 2019   Josef Bruckmoser

1. AMAZONIEN – LEIDENSGESCHICHTE UND AUFBRÜCHE

1.1. Seit tausenden Jahren leben indigene Völker in Amazonien

Amazonien befindet sich in neun Ländern des südamerikanischen Kontinents. 67,9 Prozent sind in Brasilien und machen die Hälfte der Oberfläche dieses Landes aus (49,29 Prozent). Bolivien hat 9,8 Prozent, Peru 8,8 Prozent, Kolumbien 6,4 Prozent, Ecuador 1,6 Prozent. Die restlichen 5,5 Prozent der Amazonasregion verteilen sich auf Venezuela, Guyana, Französisch-Guayana und Surinam. Amazonien ist eine Makroregion sui generis. Es gibt sicher keine andere vergleichbare auf dem Planeten. Ursprünglich war es eine Welt üppiger Urwälder, durchflossen vom wasserreichsten Strom der Erde mit seinen gigantischen und zum Teil über 2000 Kilometer langen Nebenflüssen. Dazu noch das unermessliche Netz von Rinnsalen, Bächen, Tümpeln und Seen. Aber nicht nur tropischer Regenwald und die Flusslandschaften charakterisieren Amazonien. Es gibt auch eine Savanne von 267.000 Quadratkilometern, zu 90 Prozent in Brasilien und Bolivien und kleinere Flächen in Venezuela, Guyana und Surinam.

Lange Zeit wurde Amazonien als „grüne Hölle" bezeichnet. Und es soll immer noch Fremdenverkehrsagenturen geben, die Ausflüge in den Urwald als Exkursionen in die „grüne Hölle" anbieten. Selbst Nachtclubs und Diskotheken in den Breitengraden von Amazonien borgen sich diesen Namen, um erlebnishungrige Touristen zu ködern. Woher dieser Begriff stammt und wer ihn prägte, weiß ich nicht. Vielleicht war es einer jener Deutschen wie Von Humboldt, Von Martius, Von den Steinen oder Prinz Adalbert von Preußen, die im 19. Jahrhundert von Belém aus ins Landesinnere vordrangen und dann zurück im alten Kontinent ihre abenteuerlichen Expeditionen eindrücklich beschrieben.

Warum „Hölle"? Ist es der Myriaden von Insekten wegen, von denen in bestimmten Regionen einige Arten den Menschen das Leben tatsächlich zur Hölle machen können? Denken wir nur an die Anopheles, die die Malaria überträgt, oder die Stegomyia fasciata, die für das Gelbfieber verantwortlich ist. In diesem Zusammenhang kann man tatsächlich Goethe zitieren: „Es wandelt niemand ungestraft unter Palmen" (Johann W. von Goethe, *Die Wahlverwandtschaften*, II, 7, 1809). Er meinte dabei zwar nicht Amazonien, sondern Afrika, aber die Realität ist dieselbe. Sind es die Schlangen, die uns plötzlich im gedämpften Licht des Dschungels am feuchten Boden erschrecken? Sind es die Krokodile in den sumpfigen Wassern, deren große Augen im Licht der Scheinwerfer drohend blitzen? Sind es die Piranhas, die imstande sind, in Sekundenschnelle ihre Opfer bis auf das Skelett zu verzehren? Sind die Affen für den Namen „Hölle" verantwortlich, weil manche von ihnen höllisch brüllen können und sich gar nicht einverstanden zeigen, wenn andere Zweibeiner auch nur auf einen Kurzbesuch in ihren Lebensraum eindringen? Sind es die fauchenden Leoparden und Wildkatzen, die selbst Einheimischen eine Höllenangst einjagen? Oder sind es vielleicht immer noch die „wilden Indianer", von denen es zunächst hieß, sie hätten keine Seele und seien wie Tiere zu behandeln, bis schließlich ein Papst, Paul III., 1537 in seiner Bulle *Veritas ipsa* das Gegenteil behauptete, aber auf taube Ohren und blinde Augen stieß und keine menschenwürdige Behandlung für die Indios erreichte?

„Grüne Hölle"? Vielleicht handelt es sich um eine düstere Zukunftsvision. Ich denke dabei weniger an das Adjektiv „grün", sondern an die „Hölle". Hölle wird spätestens seit Matthäus 25,41

– „Hinweg von mir, ihr Verfluchten, in das ewige Feuer" – oder Markus 9,44, wo vom „unauslöschlichen Feuer" die Rede ist, mit „Feuer" assoziiert. In diesem Zusammenhang ist es schrecklich, dieses von Gott paradiesisch geschaffene Amazonien plötzlich als Hölle erleben zu müssen. Von skrupellosen Menschen dazu verdammt! Ich erinnere mich, wie mir im südlichen Teil unseres Bistums Xingu Tag und Nacht die Augen vom Rauch brannten. Während der Heiligen Messe und Firmung bekam ich bei der Predigt Atemnot. Die Sonne war den ganzen Tag über nur als rote Scheibe zu sehen. Sie stand zwar mittags am Zenit, aber es war Dämmerung. Ich war im Jeep zu den Gemeinden unterwegs. Soweit das Auge reichte, alles Asche und verkohltes Astwerk. Einige Bäume standen noch. Aber sie glühten und brannten und wurden in der Nacht zur rot leuchtenden, schaurigen Anklage der Gotteslästerung an die Menschen, die die Natur vergewaltigen, Gottes Schöpfung missbrauchen und zerstören. Der jahrtausendealte undurchdringliche Urwald wird in Brand gesteckt. Menschen machen Amazonien zur Hölle des Feuers.

Lacrimosa dies illa,
qua resurget ex favilla
judicandus homo reus.

Das sind die letzten Takte, die Mozart auf dem Totenbett für das *Dies irae* seines Requiems komponierte. Ein suggestives Crescendo lässt den Satz „Voll der Tränen jener Tag, an dem aus Asche zum Gericht sich erheben wird ..." von Silbe zu Silbe immer eindringlicher werden. Dann der verurteilende Forteausbruch bei den Worten „homo reus" – „der schuldbeladene Mensch"!

In den vergangenen Jahrzehnten sind tausende und abertausende Quadratkilometer tropischer Regenwald niedergebrannt worden. Jedes Jahr kommen weitere tausende dazu. Wer kennt nicht die Fernsehspots, die darauf aufmerksam machen, dass in Amazonien alle zwei Minuten eine Fläche in der Größe eines Fußballfeldes abgebrannt oder abgeholzt wird? Ja, die Tropenwälder werden schneller zerstört als jeder andere Lebensraum. Der tropische Regenwald birgt so viele Reichtümer, die genutzt werden könnten, ohne dass auch nur ein Baum gefällt werden muss. Ich denke an die Paranussbäume, an den Hevea-Baum für die Gummiherstellung, ich denke an die Vielzahl der ölhaltigen Fruchtkerne, die Harze und Essenzen und die alle Arten von Arzneimitteln liefernden Bäume und tropischen Pflanzen.

Von *einem* Volk Amazoniens kann nicht gesprochen werden, denn es handelt sich um den Lebensraum unzähliger und je nach Herkunft, Kultur, Rasse und Sprache unterschiedlichster Völker. Seit Tausenden von Jahren leben indigene Völker in Amazonien. Das Alter der Höhlenmalereien in der Höhle der Pedra Pintada in Monte Alegre (Bundesstaat Pará), die Frauen und Kinder beim Sammeln von Paranüssen und Männer auf Tapirjagd erkennen lassen, beweist, dass Menschen schon seit vielen Jahrtausenden hier leben und in den tropischen Wäldern heimisch geworden sind.

Mit der Ankunft der Europäer begann die grausame Eroberung mit Feuer und Schwert, die Verfolgung und Versklavung dieser Völker. Eingeschleppte Krankheiten taten das Übrige, um viele Völker zu dezimieren oder gar vollständig auszurotten. Die indigenen Völker der Gegenwart sind nur noch kleine Restvölker einst starker Nationen. Und sie haben bis heute keine Ruhe. Trotz anderslautender Gesetzgebung geht der Trend in die Richtung, die Indigenen in die sogenannte nationale Gesellschaft zu „integrieren", was nichts anderes bedeutet, als ihnen ihre je eigene Volksidentität abzusprechen. Mit dem Verlust ihrer Identität als Volk mit seiner kulturellen Andersartigkeit, mit einer eigenen Sprache, einem eigenen Lebensstil und einem spezifischen sozialen Gefüge geht auch das Recht auf ihr angestammtes Gebiet verloren. Was tatsächlich passiert ist und in welches Dilemma die Missionare schon im 16. und 17. Jahrhundert getrieben wurden, beschreibt der berühmte Barockprediger und Jesuit Padre Antônio Vieira (1608–1697) in seiner denkwürdigen Epiphaniepredigt, die er 1662 vor dem portugiesischen Hof hielt:

> Man möchte, dass wir die Eingeborenen zum Glauben bringen und sie dann der Gier überlassen; man möchte, dass wir die Könige zu Christus bringen und sie dann Herodes überlassen. Und wenn wir diese Sinnlosigkeit aufdecken, sind wir die Dummen. Wenn wir gegen die Ungerechtigkeit auftreten, sind wir in ihren Augen die Ungerechten. Wenn wir ihnen Grausamkeit vorwerfen, sagen sie, dass wir übertreiben. (...) Die Diener des Evangeliums sollen sich lediglich um die Seelsorge kümmern. Knechtschaft und Hörigkeit sind Sache der königlichen Diener. (...) Aber diese Wege und Sorgen trennen heißt weder Sorgen noch Wege wollen! (...) Die Seele vom Leib trennen heißt töten und diese Sorgen auseinander zu reißen heißt vernichten. Deshalb sind in kürzester Zeit auch so viele Gegenden zerstört und entvölkert worden. Von so zahlreichen Dörfern, von denen nur noch die Namen geblieben sind, sieht man heute nichts mehr als Ruinen und Friedhöfe. (Antônio Vieira, Sermões, tomo II, *Sermão da Epifania*, n. 5, Ed. Anchieta, São Paulo, 1943, Faksimile-Ausgabe der Edition von 1679).

Die meisten der versklavten Indios hatten nicht die körperliche Verfassung für die unmenschliche Sklavenarbeit. Also kamen die Kolonialherren zu der verhängnisvollen Entscheidung, Indiosklaven durch die körperlich weitaus stärkeren Afrikaner zu ersetzen. Damit begann eines der furchtbarsten Kapitel der Geschichte Amerikas und Afrikas. Tausende und abertausende Frauen und Männer wurden als Sklavinnen und Sklaven von Afrika nach Brasilien und Amazonien transportiert. Viele haben aufgrund der brutalen Verhältnisse auf den *Navios Negreiros* (wörtlich: Negerschiffe) die Überfahrt nicht überlebt. Unvorstellbar sind das physische Leid dieser Menschen und dazu noch das furchtbare Heimweh, das sie plagte. Gar manche starben an einer von den Bantus als *Kubanza* bezeichneten Krankheit. Es handelte sich um eine grenzenlose Sehnsucht nach der verlorenen Heimat, die in vielen Fällen zu einer Schwermut mit pathologischen Ausmaßen und sogar zum Tod führte.

Der 13. Mai 1888 ist der Tag der offiziellen Abschaffung der Sklaverei in Brasilien durch Prinzregentin Isabella – als letztes Land der westlichen Halbkugel setzte Brasilien diesen Schritt. Debora Gerstenberger, Historikerin am Lateinamerika-Institut der Freien Universität Berlin, sagt dazu: „Paradoxerweise ist gerade die schrittweise Abschaffung der Sklaverei in Brasilien ein Prozess, der auf rassistischen Prinzipien beruht – weil man die weiße Bevölkerung für hochwertiger hielt. Damals hieß es, man müsse die Gesellschaft *aufweißen.*" Statt weiterhin Sklaven aus Afrika zu holen, fördert die brasilianische Regierung die Einwanderung aus Europa. Mit der Abschaffung der Sklaverei begann ein weiteres Kapitel für die Afrobrasilianer. Sie wurden auf freien Fuß gesetzt und ihrem Schicksal überlassen. Sie hatten nichts, was ihnen gehörte. Die einzige Möglichkeit zu überleben, war, sich weiterhin bei einem *Patrão* (Großgrundbesitzer, Großunternehmer) zu verdingen und in sklavenähnlichen Verhältnissen zu arbeiten. Diese Art von Arbeitsverhältnissen und -bedingungen reicht zum Teil bis in unsere Tage.

Die Nachkommen dieser aus Afrika stammenden Sklaven machen heute einen Großteil der Bevölkerung Amazoniens aus. Manche Gemeinschaften in Amazonien sind als *Quilombos* sogar gesetzlich anerkannt, aber auch hier ist derselbe Trend wie bei den indigenen Völkern zu beobachten, nämlich die Aberkennung eines besonderen Rechtsstatus. Die religiösen und kulturellen Traditionen im brasilianischen Amazonien spiegeln vielerorts heute noch die afrikanische Seele wider. Die meisten rhythmischen Lieder und Tänze und die dazu benutzten Perkussionsinstrumente erinnern an die *Mãe África* (Mutter Afrika).

Bis heute konnte der Rassismus nicht ausgerottet werden. Gerade in Amazonien ist er oft und oft zu spüren. Afrobrasilianer und Indios werden nach wie vor diskriminiert, zwar seltener explizit, aber unterschwellig. Der weit überwiegende Teil der Favelabewohner ist dunkler Hautfarbe. Eine Studie des Instituts Datafolha zeigt, dass 80 Prozent der nichtschwarzen Brasilianer rassistische Vorurteile hegen. Auf der politischen Ebene geht es in Brasilien viel weniger um Rechts- und Linksparteien. *Casa Grande e Senzala* (Herrenhaus und Sklavenhütte) charakterisieren bis heute die brasilianische Gesellschaft, und dies ganz besonders in Amazonien.

Gerade in diesen Tagen befinden sich die indigenen Völker und *Quilombolas* wieder in einer äußerst bitteren Situation. Die Zeichen stehen auf entschiedenem Widerstand gegen die Regierung. Der am 1. Jänner 2019 angelobte Präsident Jair Messias Bolsonaro machte schon während des Wahlkampfes keinen Hehl daraus, dass er die Rechte der indigenen Völker beschneiden und die Afrobrasilianer ignoriert werde. Zudem will er Amazonien an multinationale Konzerne für eine weitere Zerstörungswelle freigeben. Es stört ihn absolut nicht, dass seine anti-indigene Einstellung verfassungswidrig ist. Sie widerspricht Art. 231 und 232 des brasilianischen Grundgesetzes.

Im 19. Jahrhundert erlangte die Gewinnung von Latex aus den Gummibäumen des tropischen Regenwaldes eine große wirtschaftliche Bedeutung, weckte das Interesse großer europäischer und nordamerikanischer Unternehmen und lockte Zehntausende aus dem brasilianischen Nordosten an. Bis 1850 beschränkte sich die Gummiausbeutung auf die Region rund um die Hauptstadt Belém und die benachbarten Inseln. Dann eroberte die Gummigewinnung das gesamte brasilianische Amazonien. Die ersten Nebenflüsse des Amazonas, die für den kommerziellen Transport genutzt wurden, waren Xingu und Tapajós, später dann auch die Nebenflüsse am Oberlauf des Amazonas: Solimões, Purus, Alto Madeira und Juruá.

Zu dieser Zeit kamen auch Türken, Syrer, Libanesen und Juden nach Amazonien, die anfangs allesamt den Handel im Sinne von Warenaustausch praktizierten. Diese Art von Handel in den weitvernetzten Flussgebieten Amazoniens dauerte zum Teil bis in die vergangenen Jahrzehnte fort. Der Tauschhandel florierte. Vielerorts machten die Händler damit einen doppelten Gewinn. Sie drosselten einerseits den Wert der von den Flussbewohnern angebotenen Produkte des Extraktivismus (von lat. ex-trahere, herausziehen; ex-tractum, das Herausgezogene), der Bewirtschaftung von naturnahen Landschaften, andererseits verkauften sie ihre Waren um exorbitante Preise.

Das brasilianische Produktionsmonopol und die hohen Gummipreise auf dem Weltmarkt bereicherten die Besitzer der Regionen, in denen die Gummibäume heimisch sind. Für einige Zeit wurden Manaus und Belém zu „Hauptstädten des Luxus und der Verschwendung". Die Gummizapfer selbst aber blieben arm. Wer in Saus und Braus lebte, waren die Familien der Gummibarone und Großhändler. Als in den ersten Jahrzehnten des 20. Jahrhunderts der Gummiboom in Amazonien aufgrund der Konkurrenz durch den asiatischen Kautschuk einbrach, stürzten tausende Familien der Gummizapfer ins Elend, aus dem sie sich – wenn überhaupt – nur langsam erholten.

Während des Zweiten Weltkriegs, als Japan im Juli 1940 Truppen in Indochina stationierte, stellte Washington umgehend die Erdöllieferungen nach Japan ein. Japan reagierte mit seinem Einfluss auf den Kautschukmarkt in Südostasien und die asiatischen Länder stornierten die Kautschuklieferungen an die Vereinigten Staaten. Die brasilianische Regierung witterte damals ihre Chance und unterzeichnete gleich ein Abkommen mit den USA zur Lieferung von Kautschuk aus Amazonien.

Dadurch geriet das Land ins Visier Nazideutschlands und im Juli 1942 torpedierten deutsche U-Boote brasilianische Handelsschiffe vor der Küste Brasiliens. Darauf erklärte Brasilien am 22. August 1942 Deutschland und dem faschistischen Italien den Krieg. Es sollte fortan zwei *Schlachtfelder* geben: eines in Europa und das andere in Amazonien. Erst im Juli 1944 wurden brasilianische Truppen in der Stärke von etwa 25.000 Mann nach Europa entsandt, aber längst vorher kamen etwa 60.000 Menschen aus den nordöstlichen Bundesstaaten, vorwiegend aus Ceará, nach Amazonien. Sie wurden von der Regierung für die Kautschukgewinnung an der *Amazonasfront* rekrutiert, mit dem Versprechen, dort bessere Lebensverhältnisse zu finden als in dem von langen Dürreperioden heimgesuchten Nordosten. Um ihnen eine Art militärischen Status zuzuerkennen, bekamen sie den Namen *Kautschuksoldaten*.

Statt eine bessere Lebensqualität zu finden, erwartete die Neuankömmlinge die ihnen bisher unbekannte Realität des tropischen Regenwaldes mit all seinen Tücken und Krankheiten. Vom Tag ihrer Ankunft an unterstanden sie in einem sklavenähnlichen Verhältnis den Gummibaronen, die sie bis aufs Blut ausbeuteten.

Oft gab es auch Konflikte zwischen den Gummizapfern und indigenen Völkern, die die Gegenwart der *Kuben* (Menschen weißer Hautfarbe) in ihrem angestammten Gebiet nicht duldeten. Der indigene Widerstand mit Pfeil und Bogen provozierte die Rache der Kautschukbarone, die sofort mit Feuerwaffen antworten ließen. Massaker standen an der Tagesordnung. So manche Indiodörfer wurden dem Erdboden gleichgemacht. Die Flüsse färbten sich rot vor Blut. Von den 60.000 Kautschuksoldaten starben rund 35.000 aufgrund von Tropenkrankheiten oder im Konflikt mit den Indigenen. Über die Anzahl der ermordeten Indios schweigen die Statistiken.

An den Nachkommen der Kautschuksoldaten, die sich längst in den Dörfern und Städten Amazoniens integriert haben oder heute von der familiären Landwirtschaft oder an den Flüssen vom Fischfang leben, blieb leider vielfach, wenn auch meist unbewusst, eine tiefe Abneigung gegenüber den indigenen Völkern haften. Und diese Abneigung erstreckt sich auf die meisten Bewohner Amazoniens.

1.2. Transamazônica – unberührte Urwälder systematisch zerstört

Ab den 1970er Jahren wurde das brasilianische Amazonien wieder zum Zielpunkt einer *Völkerwanderung*. Der Bau der Transamazônica quer durch die bislang beinahe unberührten Urwälder führte zur Migration tausender Familien aus anderen Teilen Brasiliens nach Amazonien. Es wird erzählt, dass der damalige Präsident Emílio Garrastazu Médici, als er über den von Dürreperioden heimgesuchten Nordosten Brasiliens geflogen sei, durch die Flugzeugluke nach Norden geblickt und dabei ausgerufen habe: „Land ohne Leute für Leute ohne Land". Amazonien war für den aus dem südlichsten Bundesstaat stammenden Präsidenten der Militärdiktatur ein „Land ohne Leute". Er wusste nicht oder wollte es nicht wissen, dass Amazonien seit Jahrtausenden zwar mit einer sehr geringen Bevölkerungsdichte, aber dennoch bewohnt war. Aber Indios waren für den Präsidenten mit italienischen Vorfahren ohnehin keine echten Menschen und die Flussbewohner zählten nicht.

Die „Leute ohne Land" waren die armen, von Großgrundbesitzern von Grund und Boden vertriebenen Familien des Nordostens, die meist sehr kinderreich waren. Es entsprach einem militärisch-geopolitischen Plan, gerade diese Familien in den Norden umzusiedeln. Ihre Söhne sollten die Kasernen füllen, die an strategischen Punkten der Transamazônica gleichzeitig mit dem Bau der Riesenstraße errichtet wurden. Amazonien war aus der Sicht der Militärs immer die Achillesferse für die nationale Sicherheit. Also gab es für Amazonien einen weiteren Slogan: „Integrar para não entregar", was sinngemäß übersetzt bedeutet: „Integrieren, um (das Land) nicht (anderen) zu überlassen". Es war nie klar ersichtlich, welche Macht des Planeten gemeint war, der Amazonien nicht überlassen werden dürfe.

Vielsagend ist hierzu der Bericht der Tageszeitung *Folha de São Paulo* vom 10. Oktober 1970 mit dem Titel „Médici setzt im Urwald den ersten Meilenstein der Transamazônica":

General Médici stand gestern im Gemeindegebiet von Altamira, im Bundesstaat Pará, mitten im Urwald den Feierlichkeiten des Baubeginns der großen Überlandstraße Transamazônica vor, die Amazonien über mehr als 3000 Kilometer von Osten nach Westen durchschneiden wird, um diese Region mit dem Nordosten zu verbinden. Sichtlich gerührt verfolgte dabei der Präsident das Fällen eines 50 Meter hohen Baumes an der Trasse der zukünftigen Riesenstraße und enthüllte eine Gedenktafel (...), die am Stumpf eines Paranussbaumes mit etwa zwei Metern Durchmesser eingelassen ist und auf der geschrieben steht: Im Amazonasurwald an den Ufern des Xingu eröffnet der Präsident der Republik den Bau der Transamazônica in einem historischen Aufbruch zur Eroberung dieser gigantischen grünen Welt.

Inmitten der Leute von Altamira stand ich damals als junger Pater vor der Tribüne, die eigens für den Präsidenten, seine Frau und die Minister und andere Regierungsmitglieder errichtet worden war. Im Hintergrund noch die bezaubernde Kulisse des Regenwaldes. Nie habe ich es verstanden und ich werde es auch nie verstehen, wie der Präsident „sichtlich gerührt" sein konnte, als er den majestätischen Paranussbaum, den König des Regenwaldes, donnernd und gleichzeitig ächzend in seiner Agonie zu Boden fallen sah. Unerklärlich der hysterische Applaus des Präsidenten und seines Gefolges! Die Gedenktafel am Baumstrunk spricht von der „Eroberung dieser gigantischen grünen Welt". Diese „Eroberung" wird durch das Fällen eines Urwaldriesen symbolisiert. Der Paranussbaum stirbt und Abermillionen von Bäumen aller Art werden ihm folgen. Was bedeutet „erobern"? Fällen, töten, niederschlagen, umhauen, verbrennen? Ein „sichtlich gerührter" Präsident eröffnet den Untergang des Jahrtausende alten Waldes! Seltsamerweise ist das Fällen und Verbrennen des Waldes von diesem Augenblick an gleichbedeutend mit Entwicklung und Fortschritt.

Der amerikanische Dichter Joyce Kilmer starb 1918 am Ende des Ersten Weltkriegs im Alter von nur 31 Jahren in der zweiten Schlacht von Marne. Die Kugel eines Scharfschützen nahm ihm das Leben. Das ergreifende Gedicht *Trees*, eine Hymne auf den Baum als Gottes wunderschönes Geschöpf, beeindruckt mich sehr. Schwester Rebecca Spires, seit Jahrzehnten im Einsatz für die indigenen Völker in Amazonien, Mitschwester der ermordeten Dorothy Stang, hat es mir eines Tages geschickt, als Antwort auf einen Artikel, in dem ich Holzunternehmer anklagte, die in indigenes Land eindringen und Edelhölzer schlägern. Oft denke ich an diese Worte, wenn ich tausende Baumstämme sehe, die, illegal gefällt, tot am Boden liegen und auf den Abtransport warten. Wohin? Ich weiß es nicht.

I THINK that I shall never see
A poem as lovely as a tree.
A tree whose hungry mouth is prest
Against the sweet earth's flowing breast;
A tree that looks at God all day,
And lifts her leafy arms to pray;
A tree that may in Summer wear
A nest of robins in her hair;
Upon whose bosom snow has lain;
Who intimately lives with rain.
Poems are made by fools like me,
But only God can make a tree.

Ich denke, dass ich nie sehen werde
Ein Gedicht so schön wie ein Baum.
Ein Baum, dessen hungriger Mund sich presst
An die üppige Brust der süßen Erde;
Ein Baum, der zu Gott blickt den ganzen Tag
Und seine grünen Arme emporhebt zum Gebet;
Ein Baum, der im Sommer bergen kann
Ein Nest von Rotkehlchen in seinen Haaren;
Auf dessen Busen Schnee gelegen ist;
Und der eng verbunden lebt mit Regen.
Gedichte werden gemacht von Toren wie mir,
Aber nur Gott kann schaffen einen Baum.

Bankkredite an die angesiedelten Familien hingen von der erfolgreichen Brandrodung ab. Der Wald mit all seinem natürlichen Reichtum wurde als „unentwickelt" eingestuft. Unzählige Familien aus dem Nordosten Brasiliens vertrauten den Regierungsversprechen und zogen nach Norden, um der Dürre zu entkommen. Aber nur etwa 15 Prozent blieben. Alle anderen gaben auf, denn es fehlte an den infrastrukturellen Einrichtungen wie Schulen, Gesundheitsposten und Spitälern und entsprechenden Transportmitteln. Die Familien fühlten sich isoliert in einer Umgebung, die ihnen völlig fremd war. Frustriert traten die einen die Rückreise in den Nordosten an, die anderen zogen in die Kleinstädte, in denen sich über Nacht die Einwohnerzahl verdoppelte oder verdreifachte.

Die Militärregierung musste wohl oder übel das Misslingen des ersten Anlaufs der „Kolonisierung" einsehen und investierte nunmehr in die Migration von Familien aus dem Südosten, aus Mittel- und aus Südbrasilien. Große Ländereien für Landwirtschaft und Viehzucht wurden in Aussicht gestellt. So begann die zweite Welle der Migration nach Amazonien, die mehr Erfolg hatte. Damit begann eine neue Epoche für diese Region. Waren bisher die Familien alteingesessen oder aus dem Nordosten, so kamen nun Menschen nach Amazonien, deren Vorfahren Deutsche, Italiener oder Polen waren. Die Bevölkerung Amazoniens bekam ein ganz neues Gesicht.

Politiker und Unternehmer aus Süd-, Südost- und Zentralbrasilien haben Amazonien immer als „Provinz" betrachtet und behandelt. Amazonien war so etwas wie der Hinterhof der Nation, aus dem geholt wird, was für die jeweiligen Ausbeuter von Interesse ist, ohne sich um nicht wieder gut zu machende Folgen für Land und Leute zu kümmern. In Amazonien befinden sich die größten

Mineralvorkommen des Landes, ja sogar des Planeten. Die größte Eisenerzmine der Welt, Carajás, befindet sich im Bundesstaat Pará. Ebenso ist Amazonien Standort für Großunternehmen der Holzwirtschaft. Der tropische Regenwald wurde und wird für die Ausbeutung von Edelhölzern „geöffnet". Eine Verpflichtung zur Wiederaufforstung gibt es lediglich auf dem Papier. Die Holzunternehmer scheren sich keinen Deut darum und die Umweltbehörden schauen zu oder lassen sich bestechen. Die Rinderzucht und die damit verbundene extensive Weidewirtschaft und die sich immer mehr ausweitenden Soja-Monokultur-Plantagen sind weitere Faktoren für Rodungen, die jedes Jahr immer noch tausende Quadratkilometer des tropischen Regenwalds ausradieren.

Rein wirtschaftliche und politische Argumente sind die Hauptgründe für die Legalisierung irregulärer Aktivitäten wie illegaler Holzeinschlag, großflächige Rodungen für Weideflächen mit sehr geringer Produktivität und illegale Okkupation von öffentlichem Land. Dazu kommen noch Dutzende geplante, im Bau begriffene oder bereits fertiggestellte Staudammprojekte und Wasserkraftwerke wie Belo Monte mit all den unwiderruflichen Folgen für indigene Völker, Flussbewohner und Familien, die bisher von der Landwirtschaft lebten. Sie alle werden zwangsumgesiedelt. Menschen müssen weichen.

All diese Unternehmen, Projekte und die immer weiter fortschreitende, als „Nutzbarmachung" und „Entwicklung" getarnte Zerstörung des Regenwaldes haben einerseits eine weitere Migration aus südlichen Bundesstaaten und aus Zentralbrasilien nach Amazonien zur Folge, anderseits intensivieren sie innerhalb von Amazonien eine bisher nie dagewesene Landflucht in die großen Ballungsräume. Der weitaus größte Teil der Bevölkerung des brasilianischen Amazonien lebt heute bereits in den Großstädten. Selbst bei den indigenen Völkern ist die Anziehungskraft der Städte groß. Indios verlassen ihre Dörfer, leben in miserablen Verhältnissen und verfallen oft dem Alkohol und der Prostitution. Natürlich verlieren sie dabei ihre Kulturen und Sprachen.

Landkonflikte zwischen Großgrundbesitzern und alteingesessenen Siedlern stehen seit Jahrzehnten beinahe auf der Tagesordnung, wobei jedes Mal der Schwächere unterliegt. Oft werden kleinbäuerliche Familien von Großgrundbesitzern mit Waffengewalt vertrieben. Schon der Prophet Micha wetterte gegen die Habsucht der Reichen: „Sie wollen Felder haben und reißen sie an sich (...). Sie wenden Gewalt an gegen den Mann und sein Haus, gegen den Besitzer und sein Eigentum." (Mi 2,2) „Sie fressen mein Volk auf, sie ziehen den Leuten die Haut ab und zerbrechen ihnen die Knochen." (Mi 3,3) Auch staatliche Behörden sind mitschuldig an den Landkonflikten. Grundbücherliche Eintragungen werden gefälscht. Würden alle Vermerke im Grundbuch legale Eigentümer ausweisen, müsste beispielsweise der Bundesstaat Acre zweistöckig sein.

Neben der direkten Vertreibung gibt es auch indirekte Verdrängungsprozesse. Missernten, Krankheiten oder eben mangelnde Kenntnisse der Bodenbeschaffenheit stürzen viele in Schulden. Weil sie mit zu vielen Problemen zu kämpfen haben, sehen sich gar manche gezwungen, Teile oder das gesamte Land um einen Bananenpreis zu verkaufen. Die Abwanderung aus den ländlichen Gebieten lässt die Randbezirke der Städte wie Geschwülste anschwellen. Die Großgrundbesitzer profitieren von den Schulden der verzweifelten Siedler. Längst blickten sie mit Argusaugen auf die bereits urbar gemachten Landflächen und heimsen sie nun billigst ein. Die enorme Landkonzentration in ihren Händen macht sie zu Mega- oder Super-Großgrundbesitzern.

Seit ein paar Jahrzehnten gibt es in Brasilien eine eigene Kategorie verarmter Familien, die so genannten Bauern ohne Land. Es sind dies inzwischen Tausende von Menschen, die nach Grund und Boden suchen und manchmal auch die eine oder andere Fazenda besetzen. Immer wieder kommt es zu blutigen Auseinandersetzungen zwischen Landlosen und der Polizei oder den Privatmilizen der Großgrundbesitzer. Brachte früher Indianermord keine Haft, scheint sich heute dieselbe Praxis bei der Ermordung von Landlosen, von Vertretern der Landarbeitergewerkschaft oder anderer Organisationen zur Verteidigung der Rechte der Landlosen zu wiederholen. Kaum einmal kommt es zu einer Verurteilung der Auftraggeber für die Mordkommandos. Besonders Frauen und Kinder sind die wehrlosesten Opfer der Landkonzentration in den Händen einiger weniger Privilegierter.

In jüngster Zeit ist das brasilianische Amazonien auch Zielregion für Migranten aus Haiti und in diesen Tagen vor allem aus Venezuela geworden.

1.3. Die Kirche der Laien pflegte ihre eigenen Riten

Die Kirchengeschichte des brasilianischen Amazonien unterscheidet sich deutlich von der Geschichte der Ortskirchen in anderen Teilen Brasiliens. Die Kirchen der anderen Regionen interessierten sich auch nicht für Amazonien. Amazonien war immer weit, weit weg. Europa schien ihnen näher zu sein. Auch in politischer Hinsicht hat Amazonien seine eigene Geschichte. Als beispielsweise das Königreich Brasilien am 7. September 1822 seine Unabhängigkeit von Portugal erklärte und zum Brasilianischen Kaiserreich wurde, blieb Amazonien noch ein Jahr lang bis zum 15. August 1823 unter der Herrschaft von Portugal.

Die Evangelisierung Amazoniens begann mit der Gründung von Santa Maria de Belém do Grão Pará im Jahre 1616. Bereits im Jahre 1617 kamen die Franziskaner vom Heiligen Antonius, 1626 die Karmeliten, 1640 die Mercedarier. Eine besondere Geschichte ist die des Jesuitenordens in Amazonien. 1636 kam der erste Jesuit, Pater Luis Figueira, nach Grão Pará. Die Jesuiten bekamen sofort die erklärte Feindschaft der portugiesischen Kolonialherren zu spüren, die keine Ordensleute wollten, weil diese die Indigenen gegen die Versklavung verteidigten. Der Einfluss der Jesuiten musste also gebrochen werden und sie wurden bereits 1661, dann wieder 1680 und schließlich definitiv 1759/60 des Landes verwiesen.

Mit der Ausweisung der Jesuiten und anderer Ordensleute blieb die Evangelisierung auf der Strecke. Die jungen Gemeinden waren plötzlich ohne Priester und Sakramente. Aber der Samen des Wortes Gottes ging dennoch auf. Da es in verschiedenen Regionen kaum noch Priester gab, übernahmen Laien die Leitung ihrer

Kirche in den kleinen Weilern und Dörfern. Ein populärer Katholizismus entstand mit seinen besonderen Ausprägungen: Marien- und Heiligenverehrung, Prozessionen, Litaneien und Novenen. Iberische, indigene und afrikanische Traditionen vermischten sich. Die noch heute bis in den letzten Winkel verbreitete Volksfrömmigkeit mit ihren religiös-kulturellen Ausdrucksformen und die von Laien ehrenamtlich übernommenen Leitungsfunktionen stammen aus dieser priesterlosen Zeit.

Der relativ lang andauernden Zeit des Laienkatholizismus in Amazonien folgte am Ende des 19. Jahrhunderts eine Epoche sogenannter Romanisierung. Das kirchliche Leben sollte nun wieder auf Linie gebracht und nach den römischen Bestimmungen und Gesetzen organisiert werden. Zeichen für diesen neuen Wind aus Rom waren die Errichtung der Diözese Manaus (1892) und die Erhebung der bereits 1719 errichteten Diözese von Belém do Pará zur Erzdiözese (1906). Dazu kam die sukzessive Errichtung von Territorialprälaturen, die allesamt Ordensgemeinschaften oder Kongregationen aus Europa (später auch aus Nordamerika) überantwortet wurden. Wie ein Fleckerlteppich wurde Amazonien unter den verschiedenen Ordensgemeinschaften und Kongregationen aufgeteilt. Manche Besonderheiten und Baustile von Kirchen, Kapellen und infrastrukturellen Einrichtungen der Pfarren lassen noch heute auf das Herkunftsland der Missionare schließen.

Der Einsatz dieser Missionare und der Ordensschwestern von damals war subjektiv sicher heldenhaft. Viele schenkten ihr Leben bis zum oft frühzeitigen Tod den Völkern Amazoniens. Aber die kulturellen Besonderheiten der Region waren ihnen fremd. Sie sahen es als ihre Aufgabe an, das kirchliche Leben ganz nach den Vorschriften und Kanones Roms zu gestalten. Das gelang nur bis zu einem bestimmten Grad bei der Sakramentenspendung und den Messfeiern in lateinischer Sprache. Insgeheim aber feierten die Leute ihre Heiligen nach wie vor auf ihre Art und nach ihrem Stil. Es entstand eine Kirche mit den offiziellen Riten und Liturgien neben der Volkskirche mit ihrer besonderen Art von Frömmigkeit, ihren Riten und Liturgien.

Noch bis in die fünfziger und sechziger Jahre des vergangenen Jahrhunderts stammten über 90 Prozent der Priester und Bischöfe in Amazonien aus Europa und Nordamerika. Ein besonderer Nachteil der Romanisierung war der Rückzug der Laienverantwortlichen. Die sakramentale Betreuung des Volkes stand im Vordergrund. Kulturelle Eigenheiten der verschiedenen Völker wurden nicht berücksichtigt. Es war die Zeit der *desobrigas*, der wochen- und monatelangen, zum Teil gefährlichen, vor allem aber unendlich strapaziösen Flussreisen der Missionare mit dem ausschließlichen Ziel, die Sakramente zu spenden. Vielerorts wurden die im Laufe der priesterlosen Zeit gewachsenen Traditionen der Volksfrömmigkeit als religiöse Fehlformen und synkretistische Verirrungen getadelt, ja sogar verboten. Aber die *confrarias* (Bruderschaften) aus jener Zeit verschwanden nie. Sie lebten weiter, wenn auch mehr oder weniger ohne das Wissen der offiziellen Kirche. Erst nach dem Zweiten Vatikanischen Konzil wurde ihr religiöser, kultureller und gesellschaftlicher Stellenwert neu entdeckt.

Die Kirchen der anderen Regionen Brasiliens ignorierten Amazonien. Bewusst oder unbewusst. Erst ab 1972 schien sich eine neue Ära anzubahnen, als die Vorsitzenden der Brasilianischen Bischofskonferenz den Diözesen und Territorialprälaturen Amazoniens das erste Mal in der Geschichte einen Besuch abstatteten und die Realität wenigstens ein bisschen aus der Nähe kennenlernen konnten. Als Folge dieses Besuches rief die Bischofskonferenz ein Projekt ins Leben, das den Namen *Igrejas Irmãs* (Schwesterkirchen) erhielt. Besser situierte Diözesen in anderen Regionen Brasiliens sollten die Prälaturen Amazoniens finanziell und mit Priestern, Ordensleuten, auch Laienmitarbeiterinnen und Laienmitarbeitern unterstützen.

Dieses Projekt auf interdiözesaner Ebene hat jedoch, mit einigen rühmlichen Ausnahmen, nie richtig gegriffen. Entweder waren die Diözesen nicht bereit, beherzte Priester mit pastoralem Eifer nach Amazonien zu senden, oder die kulturellen Unterschiede zwischen Süden und Norden machten vielen zu schaffen, sodass sie oft nach kurzer Zeit aufgaben und in die heimatlichen Gefilde zurückkehrten. Das Projekt *Igrejas Irmãs* funktionierte am meisten und besten bei den Ordensgemeinschaften, die Amazonien als neues Wirkungsfeld für ihr Charisma entdeckten und bis heute wertvolle seelsorgliche Arbeit leisten.

Die Distanzen zwischen den einzelnen Bischofssitzen sind immens und bis vor ein paar Jahrzehnten fehlten Telefonnetze und -verbindungen. Daher fühlten sich die Bischöfe oft allein auf weiter Flur, allein mit ihren Problemen und Herausforderungen, allein angesichts des eklatanten Mangels an Priestern und Ordensleuten und dazu noch ohne die nötigen Finanzmittel. Die Prälaturen waren von Rom durch eine feierliche päpstliche Bulle errichtet, einem Orden oder einer Kongregation überantwortet worden, aber damit schien Rom seinen Teil geleistet zu haben.

Die brasilianische Regierung unter Präsident Getúlio Vargas hatte sich gegen eine Klassifikation Amazoniens als „Missionsland" gewehrt. Das politische Brasilien wollte auf keinen Fall mit Ländern Afrikas oder Asiens verglichen werden. Damit war aber auch mit keiner finanziellen Hilfe seitens der damaligen *Propaganda fide* (vollständig *Congregatio ad propagandam Romanae Sedis fidem*, kurz *Propaganda fide*, heute: *Congregatio pro gentium um evangelizatione*) zu rechnen, die das Resultat der alljährlich im Oktober von den Päpstlichen Missionswerken in allen Ländern durchgeführten Sammlungen an die „Missionsländer" aufteilte und weiterleitete. Die Prälaturen im Amazonasgebiet gingen leer aus und hingen vom Wohlwollen der einzelnen Ordensgemeinschaften ab.

Der *Ordinarius loci* war zunächst meist nur ein *Praelatus nullius* und Apostolischer Administrator ohne Bischofsweihe. Er wurde vom Orden oder von der Kongregation vorgeschlagen und war ziemlich machtlos, weil auch die Devise „Wer zahlt, schafft an" an der Kirche nie spurlos vorübergegangen ist. Der Prälat befand sich im direkten Abhängigkeitsverhältnis von seiner Ordensgemeinschaft, die in Rom ihr Generalat hatte. Die Prälaturen wurden Vikariate europäischer Ordensprovinzen. Der Orden oder die Kongregation hatte die Priester bereitzustellen und trug die Verantwortung für den Unterhalt des Klerus, während der *Praelatus nullius* für pastorale Leitlinien und die Überwachung und Ausführung kirchenrechtlicher Bestimmungen zuständig war.

Während des Pontifikates von Papst Pius XII. (1939–1958) nahm diese eigenartige Situation eines *Ordinarius sine caractere* mit der Bischofsweihe des jeweiligen *Praelatus nullius* und Apostolischen Administrators ein Ende, aber das Abhängigkeitsverhältnis der nunmehrigen Bischöfe änderte sich nicht. Sie hatten nun den bischöflichen Charakter, aber in einer für uns exotisch anmutenden kirchenrechtlichen Form. Sie blieben weiterhin Prälaten Nullius, wurden jetzt aber gleichzeitig Titularbischöfe irgendeiner untergegangenen Diözese in Nordafrika oder sonstwo im Mittelmeerraum.

Die Realität der Prälaturen änderte sich nicht mit den Bischofsweihen. Die Isolation der einzelnen und die erdrückende Last der pastoralen und sozialen Herausforderungen wogen schwer auf den Schultern eines jeden Bischofs. Jeder war auf sich allein gestellt. Das konnte so nicht weiter gehen. Es musste ein gemeinsamer Weg für die Evangelisierung, die pastorale Arbeit und die Lösung der sozialen Probleme in Amazonien gefunden werden, insbesondere seit die Regierung im Begriffe war, einen Integrations- und Valorisierungsplan für diese Makroregion zu entwerfen und diesbezügliche Projekte zu erarbeiten. Die Bischöfe fühlten sich plötzlich aufgefordert, hier mitzureden und ihre Stimme zu erheben, da sie ja die Probleme Amazoniens weit, weit besser kannten als alle Politiker, Abgeordneten, Minister und Regierungsmitglieder. Das war denn auch der Anstoß zur ersten Versammlung der Bischöfe Amazoniens vom 2. bis 6. Juni 1952 in Manaus. Es war wohl überhaupt die erste Bischofsversammlung einer Makroregion in Brasilien, noch bevor es die Brasilianische Bischofskonferenz gab, die erst einige Monate später, am 14. Oktober 1952, gegründet wurde.

1.4. Der Schrei der Kirche zum Schutz des Lebens in Amazonien

1.4.1. Die Versammlungen der Bischöfe Amazoniens

Seit der ersten Versammlung 1952 in Manaus kamen die Bischöfe Amazoniens periodisch zusammen und einige dieser Versammlungen waren so richtungsweisend, dass sie bis heute ihre Aktualität und Gültigkeit nicht verloren haben. Eine der bahnbrechendsten Versammlungen war das „Interregionale Treffen der Bischöfe Amazoniens" vom 24. bis 30. Mai 1972 in Santarém im Bundesstaat Pará. Einige Monate zuvor, im Oktober 1971, hatte Papst Paul VI. eine Botschaft an das brasilianische Volk adressiert und über das Wort Marias an die Diener bei der Hochzeit von Kana gesprochen: „Was er euch sagt, das tut!" (Joh 2,5) Der Papst fragte „Und was sagt Er uns jetzt?" und gab selbst die Antwort: „Er weist auf Amazonien hin!"

„Christus weist auf Amazonien hin." Dieses Wort des Papstes war für die Bischöfe der Anstoß, das Zweite Vatikanische Konzil und die Beschlüsse der Generalversammlung des Lateinamerikanischen Episkopats von Medellín (1968) in Amazonien umzusetzen. Die Versammelten vereinbarten zwei Leitlinien „unter Berücksichtigung der Erfahrungen und Wünsche, die von der Basis kamen", wie es im Schlussdokument heißt. Die Kirche soll sich einerseits in die Realität Amazoniens „inkarnieren", seine Menschen wirklich „kennen" und unter ihnen „in Einfachheit" leben. Und zweitens, die Evangelisierung muss eine „befreiende" Ausrichtung und Wirkung haben.

Irgendwie waren die Bischöfe von damals schon auf der Linie einer Befreiungstheologie. Ob sie das von Gustavo Gutiérrez ein Jahr zuvor (1971) herausgegebene Buch *Teologia de la Liberación, Perspectivas* beeinflusst hat, sei dahingestellt. Jedenfalls waren die Anliegen der Befreiungstheologie mit ihrer Option für die Armen den Bischöfen in Santarém genauso präsent wie den Bischöfen bei der Konferenz von Medellín (1968), an der auch zwei Bischöfe aus dem brasilianischen Amazonien teilgenommen haben: Dom Alberto Gaudêncio Ramos, Erzbischof von Belém do Pará, und Dom Tiago Ryan, Bischof von Santarém.

Die zwei Leitlinien haben sich in vier Prioritäten zu verwirklichen:

1. Ausbildung von pastoralen Mitarbeiterinnen und Mitarbeitern unter Berücksichtigung einheimischer Elemente (Kultur, Traditionen, soziales Gefüge).
2. Christliche Basisgemeinden als Zentren der Evangelisierung.
3. Pastoral bei indigenen Völkern – Bischöflicher Rat für Indigene Völker – CIMI.
4. Entwicklungsprojekte der Regierung für Amazonien (Bau von riesigen Straßen wie der Transamazônica und der Perimetral Norte mit der damit verbundenen Kolonisierung und Migration).

Eine weitere Versammlung, die Weichen stellte, fand vom 13. bis 15. Februar 1990 in Icoaraci statt, einem Distrikt von Belém, der Hauptstadt von Pará. Es war die allererste Versammlung von Bischöfen weltweit, die sich mit dem Thema Ökologie befasste. Die Bischöfe Amazoniens waren die ersten, die eine ökologische Sensibilität bewiesen haben und zu Pionieren des Umweltschutzes geworden sind. Ihr Appell fand sogar Widerhall in Assisi: Während eines Treffens ein paar Monate später – vom 23. bis 24. Mai 1990 – in der umbrischen Stadt wurde das ökologische Manifest „Schrei der Kirche zum Schutz des Lebens in Amazonien" formuliert. Die Bischöfe diskutierten in Icoaraci über „eine Sorge, die uns alle betrifft: die Umweltzerstörung im Amazonasgebiet", heißt es im Schlussdokument. Diejenigen, die „in gewalttätiger und irrationaler Weise die Natur angreifen, indem sie die Wälder zerstören, die Flüsse vergiften, die Atmosphäre verschmutzen und ganze Völker umbringen", werden von den Bischöfen „Sämänner des Todes" genannt. Die Bischöfe stellten schon damals die großen Projekte in Frage, „die irreparable Schäden verursachen": die Holz- und Bergbauindustrie, die Staudämme und Wasserkraftwerke, der Bau neuer Straßen, deren „sofortige Wirkung eine unkontrollierbare Migration und die Entfesselung eines Ansturms auf verfügbares Land" ist. „Das Ausbluten Amazoniens hat sein Extrem erreicht, und die Schöpfung Gottes stöhnt im Todeskampf", klagen die Bischöfe in dem Dokument mit dem Titel „Schrei der Kirche zum Schutz des Lebens in Amazonien". Sie prangern die Missstände und Mechanismen an, die zu einer Umweltkatastrophe führen können, mit Auswirkungen, die „katastrophal für das gesamte Ökosystem sind und ohne Zweifel über die Grenzen Brasiliens und des Kontinents hinausgehen". Das Dokument ist eine unmissverständliche Anklage, aber gleichzeitig auch ein kraftvolles Glaubensbekenntnis zum Gott des Lebens, der „den Tod nicht gemacht und keine Freude am Untergang der Lebenden hat" (Weish 1,13).

1.4.2. Die Konferenzen des lateinamerikanischen Episkopats

Medellín, Kolumbien (1968)
Mit dem Thema „Die Kirche im gegenwärtigen Wandel Lateinamerikas im Licht des Konzils" war Medellín so etwas wie die Konkretisierung des Zweiten Vatikanischen Konzils auf lateinamerikanischem Boden. Unter dem Titel „Menschliche Förderung und Gerechtigkeit" (Nr. 1.3) spricht das Schlussdokument auch von der gerechten Verteilung der Naturreichtümer: Derselbe Gott, der den Menschen nach seinem Bild und Gleichnis schafft, hat die „Erde mit allem, was sie enthält, zum Nutzen aller Menschen und Völker bestimmt; darum müssen diese geschaffenen Güter in einem gerechten Verhältnis allen zustatten kommen." (GS 69) Von der Verantwortung der Menschen beim Gebrauch der Naturreichtümer und von der Bewahrung der Schöpfung für die zukünftigen Generationen ist noch keine Rede.

Puebla de los Ángeles, Mexiko (1979)
Das Schlussdokument von Puebla „Evangelisierung in der Gegenwart und Zukunft Lateinamerikas" mahnt in Nr. 139: „Wenn sich die aktuellen Trends nicht ändern, wird sich die Beziehung des Menschen zur Natur durch die irrationale Ausbeutung seiner Ressourcen und die Verschmutzung der Umwelt weiter verschlechtern." In Nr. 496 beklagt das Dokument die katastrophalen Auswirkungen der Industrialisierung, der Verstädterung und des ausufernden Konsums: „Es ist notwendig, dass wir uns der verheerenden Auswirkungen der unkontrollierten Industrialisierung und Urbanisierung bewusst werden, die bereits alarmierende Ausmaße annimmt. Die Erschöpfung der natürlichen Ressourcen und

die Verschmutzung der Umwelt werden zu einem dramatischen Problem. Wir bekräftigen erneut die Notwendigkeit einer gründlichen Überprüfung des Konsumtrends in den Industrieländern; die Grundbedürfnisse der armen Völker, die den größten Teil der Welt ausmachen, müssen berücksichtigt werden." Interessant ist, dass nur der Konsumtrend in den Industrieländern verurteilt wird, mit keinem Wort aber erwähnt wird, wie gerade in den so genannten Entwicklungsländern durch massive Propaganda der Konsumtrend angeheizt wird und viele auf die pausenlose Werbung hereinfallen und sich den Erwerb völlig unnötiger Artikel vom Mund absparen.

Santo Domingo, Dominikanische Republik (1992)
Die Brasilianische Bischofskonferenz hatte mich für die IV. und V. Bischofskonferenz von Lateinamerika und der Karibik in Santo Domingo, Dominikanische Republik, und Aparecida, Brasilien, als einen der Delegierten gewählt. So war es mir möglich, bei diesen kontinentalen Bischofsversammlungen die Anliegen Amazoniens und der indigenen Völker zu vertreten und mich dabei in den entsprechenden Kommissionen und bei den Plenarsitzungen einzubringen. Von Santo Domingo erwarteten viele von uns, dass die von den Bischöfen Amazoniens in Santarém (1972) beschworene Linie der Inkarnation der christlichen Botschaft für den ganzen Kontinent endlich zum Tragen komme. Dazu gehört ein existenzieller Dialog zwischen den Kulturen. Die Konferenzen von Medellín und Puebla waren auf dieses Thema nur am Rande eingegangen.

Das Bedenkjahr 1992 – 500 Jahre Lateinamerika – sollte für die Kirche Lateinamerikas und die Weltkirche Anlass sein, die Geschichte der vergangenen 500 Jahre mit dem notwendigen Mut zur Wahrheit aufzuarbeiten, aus Fehlern zu lernen und inspiriert vom Geist Gottes beharrlich neue Wege einzuschlagen. Die Berücksichtigung der ethnischen Vielfalt und die Achtung vor dem kulturellen Anderssein, die Sorge um unsere Mitwelt, Gottes Schöpfung, Inkulturation und religiöser Dialog waren daher während der Vorbereitungszeit auf die Versammlung von Santo Domingo bereits die besonderen Akzente, die auch im Arbeitspapier größtenteils Berücksichtigung fanden.

Die Römische Kurie hatte 28 Vertreter entsandt, 15 von ihnen stimmberechtigt. Die vom Vatikan ernannten Vorsitzenden waren der Kardinalstaatssekretär Angelo Sodano, der Kardinal-Erzbischof von Santo Domingo, Nicolás de Jesús López Rodríguez, gleichzeitig CELAM-Präsident, der immer wieder mit seinen Ermahnungen, uns ja nicht „ideologisieren" zu lassen, auffiel und aneckte, und der Erzbischof von Belo Horizonte, Brasilien, Serafím Fernandes de Araújo, der einzige, der offen für neue Wege war.

Das Arbeitspapier sollte für uns Ausgangspunkt aller Debatten und Diskussionen sein. Aber gleich zu Konferenzbeginn wurden wir von einer eiskalten Dusche überrascht. Der von Rom ernannte Parallelsekretär, Mons. Jorge Medina, erklärte kurzerhand zu Beginn der Versammlung: „Die Konferenz hat begonnen! Die Phase des Arbeitspapiers ist damit abgeschlossen!"

Dennoch ging es uns von Anfang an darum, das kulturelle Denken und Handeln der Indios verstehen zu lernen, der Weltanschauung dieser Völker mit Respekt zu begegnen, ihre Erwartungen ernst zu nehmen und in Demut mitzuarbeiten, damit der Heilsplan Gottes Wirklichkeit werde, dessen historische Träger die Indios selbst sind. Die Kommission 26, deren Mitglied ich war, beschäftigte sich mit den Kulturen der Indios, Afroamerikaner und Mestizen. Die Kommission schlug der Kirche Lateinamerikas unter anderem folgende Verpflichtungen vor:

* Wir wollen das Evangelium Jesu durch das Zeugnis einer bescheidenen, verständnisvollen und prophetischen Haltung anbieten.
* Wir wollen eine wirkliche Inkulturation ihrer Liturgie fördern, indem wir ihre Symbole, Riten und religiösen Ausdrucksformen sowie ihre sozialen und gemeinschaftlichen Strukturen mit Achtung aufnehmen und berücksichtigen und dabei auf jede Art von Ethnozentrismus, pastoralem Kolonialismus und Rassendiskriminierung verzichten.

Unser Arbeitspapier wollte ganz klar sagen, dass die Inkulturation des Evangeliums von dem ausgehen muss, was bereits da ist. Die Delegierten aus Rom vertraten aber einen ganz anderen Standpunkt. Es gehe darum, „die Kulturen zu evangelisieren", verkündeten sie. Inkulturation wurde so verstanden, dass die jeweilige Kultur vom Evangelium her verändert werden müsse. Wir haben dagegen gesagt, es gehe um eine Evangelisierung „desde las culturas", also „von den jeweiligen Kulturen ausgehend". Dieser Ansatz führte zu großen Differenzen mit den Vorgaben des Vatikans. Hinter allen Bemühungen, den indigenen Kulturen nur ja keinen besonderen Wert zuzuschreiben, verbirgt sich ein nie eingestandenes Misstrauen allem gegenüber, was indigen ist, eine panische Angst, indigene Ausdrucksformen, Sprachen und Liturgien könnten die Lehre der Kirche verfälschen.

Der Hintergrund dieser Konflikte war, dass diese Bischofsversammlung von 1992 in einer Zeit stattfand, in der Rom bereits ein besonderes Augenmerk auf die Kirche in Lateinamerika im Allgemeinen und auf lateinamerikanische Theologen im Besonderen warf. Vieles, wo wir noch einen Schritt weiter hätten gehen können, wurde abgebremst. Gerettet hat das Dokument Erzbischof Luciano Mendes de Almeida von Mariana. Der Jesuit war von

1987 bis 1995 Vorsitzender der Brasilianischen Bischofskonferenz und gehörte zu den profiliertesten Persönlichkeiten der Kirche Lateinamerikas. Während der Militärdiktatur (1964–1985) war er einer der schärfsten Kritiker von Folter und willkürlichen Verhaftungen gewesen. Ab 1984 setzte er sich in einer wöchentlichen Zeitungskolumne gegen die Korruption und für radikale soziale Reformen im Land ein.

Der von unserer Kommission 26 vorgeschlagene Text wurde im Schlussdokument praktisch in sein Gegenteil verkehrt. Der besondere Verfechter dieser römischen Position war der kolumbianische Erzbischof Darío Castrillón Hoyos. Von 1987 bis 1991 war er Vorsitzender des lateinamerikanischen Bischofsrats CELAM. 1998 wurde er in das Kardinalskollegium aufgenommen und zum Präfekten der Kongregation für den Klerus ernannt. Er hat sich dafür eingesetzt, dass Papst Benedikt XVI. die Exkommunikation der Piusbrüder zurücknimmt, dabei aber den Papst nicht informiert, dass einer ihrer Bischöfe, Richard Williamson, in einem TV-Interview den Holocaust geleugnet hatte. Papst Benedikt XVI. geriet deshalb in arge Erklärungsnot.

Aparecida, Brasilien (2007)

In seiner Eröffnungsansprache zur Vollversammlung der lateinamerikanischen Bischöfe, die vom 13. bis zum 31. Mai 2007 im Wallfahrtsort Aparecida stattfand, bezeichnete Papst Benedikt XVI. die „vorrangige Option für die Armen" als in der Christologie verankerte Option. Die Option für die Armen sei „im christologischen Glauben an jenen Gott implizit enthalten, der für uns arm geworden ist, um uns durch seine Armut reich zu machen (vgl. 2 Kor 8,9)". Weiters sprach der Papst von einer Kirche, die sich zwar nicht „mit einem einzigen politischen Weg und mit diskutierbaren Parteipositionen identifiziert", aber dennoch, gerade weil sie unabhängig und nur dem Evangelium verpflichtet sei, ihre Sendung als „Anwältin der Gerechtigkeit und der Armen" wahrzunehmen habe. In der Schlussbotschaft der Konferenz von Aparecida an die Völker Lateinamerikas und der Karibik heißt es kurz und bündig, ohne weitere Erläuterungen: „Wir bekräftigen unsere vorrangige und im Evangelium begründete Option für die Armen."

Im Schlussdokument wird diese lapidare Aussage genauer definiert. Armut ist kein anonymes Schicksal. Armut hat Gesichter. „Das Leidensantlitz der Armen ist das Leidensantlitz Christi." Diese Gesichter der Armut bestimmen den Einsatz der Kirche, die pastoralen Aktivitäten und jedes christliche Engagement. Wörtlich heißt es: „Was immer mit Christus zu tun hat, hat mit den Armen zu tun, und alles, was mit den Armen zu tun hat, weist auf Jesus Christus hin: ‚Was ihr für meine geringsten Schwestern und Brüder getan habt, das habt ihr mir getan' (Mt 25,40)". Die Armut ist heute in erster Linie ein Produkt der ausgrenzenden Globalisierung. Die moderne Technik hat die Menschheit zwar weltweit vernetzt, aber dass Millionen davon ausgeschlossen bleiben, darüber wird kaum gesprochen. Das Dokument von Aparecida wiederholt die Forderung des verstorbenen Papstes Johannes Paul II. nach einer globalisierten Solidarität.

Zu den längst bekannten und schon von Puebla und Santo Domingo aufgelisteten Gesichtern der Armut fügt das Dokument von Aparecida weitere Leidensantlitze hinzu, „die uns besonders schmerzen": die Obdachlosen, die verlassenen Kranken, die Drogenabhängigen, die Emigranten, die unter unmenschlichen Verhältnissen lebenden Gefangenen. Weiter heißt es: „Wir verpflichten uns, alles zu tun, damit unsere Kirche in Lateinamerika und der Karibik weiterhin und mit noch größerem Eifer Weggefährtin unserer ärmsten Schwestern und Brüder ist, wenn notwendig, sogar bis zum Martyrium." Aber es darf nicht nur bei einem rein individuellen Einsatz für die Armen bleiben. Die Option muss „in unseren Strukturen und pastoralen Prioritäten ihren Niederschlag finden". „Die Kirche Lateinamerikas ist aufgerufen, Sakrament der Liebe, der Solidarität und Gerechtigkeit (…) zu sein." Die Armen sind nicht „Objekte" irgendwelcher karitativer Tätigkeiten, nein, sie sind selbst Subjekte der Evangelisierung und einer umfassenden menschlichen Förderung.

1.4.3. Die Auseinandersetzung um die Befreiungstheologie

Papst Benedikt XVI. hat zwar die kirchlichen Basisgemeinden in seiner Eröffnungsrede in Aparecida im Mai 2007 mit keiner Silbe erwähnt, aber das heißt noch lange nicht, dass sie deshalb kein Thema dieser 5. Vollversammlung der lateinamerikanischen Bischöfe gewesen wären. Leider war es aber in den Jahren vor Aparecida um die Basisgemeinden in kirchlichen Dokumenten immer stiller geworden. Das Apostolische Schreiben *Evangelii nuntiandi* (1974) von Papst Paul VI. hatte noch von den Basisgemeinden als dem „Ort der Evangelisierung zum Wohl größerer Gemeinschaften, insbesondere der Ortskirchen", gesprochen. Sie seien „eine Hoffnung für die universale Kirche". Sie entstünden „aus dem Bedürfnis heraus, das Leben der Kirche noch intensiver zu leben, oder aus dem Wunsch und dem Suchen nach einer persönlicheren Atmosphäre, die die großen Gemeinden nur schwer bieten können" (EN 58).

Auch Papst Johannes Paul II. hatte in der Enzyklika *Redemptoris missio* (1990) den Basisgemeinden ein eigenes Kapitel gewidmet und erklärt: „Sie sind Zeichen für die Lebendigkeit der Kirche, Hilfe für die Ausbildung und bei der Verkündigung des Evangeliums und wertvoller Ausgangspunkt für eine neue Gesellschaft, die gegründet ist auf die *Zivilisation der Liebe*. Solche Gemeinden gliedern und prägen die Pfarrgemeinde, mit der sie stets verbunden bleiben. Sie wurzeln in städtischen und ländlichen Schichten und werden Sauerteig des christlichen Lebens, der Aufmerksamkeit für die Vernachlässigten und des Engagements für die Umwandlung der Gesellschaft. In ihnen erfährt der einzelne Christ Gemeinschaft, fühlt sich selbst als aktives Element und wird angeregt, an der Aufgabe für alle mitzuwirken. Auf diese Weise sind die Basisgemeinden Hilfe zur ersten und zur vertieften Verkündigung des Evangeliums und Ursprung neuer Dienste." (RMi 51)

Aber nach dieser Enzyklika von Johannes Paul II. war in kirchlichen Dokumenten kaum noch etwas über Basisgemeinden zu lesen. Was war passiert? Auf einmal wurden sie als marxistisch und parteipolitisch orientiert verschrien. Es kam zu maßlosen Übertreibungen, Verleumdungen und Unterstellungen. Tatsächlich wurden manche Mitglieder der Basisgemeinden zu Leitern der Landarbeitergewerkschaft gewählt, andere übernahmen Verantwortung in der Gemeindepolitik. Das war ein großer Umbruch. Bisher hieß es, Politik sei Sache der reichen und vorwiegend weißen Oberschicht. Arme, Indios oder Schwarze hätten in diesem Bereich nichts verloren. Nun aber begannen viele Leute in den Basisgemeinden zu hinterfragen, ob es denn Gottes Wille sei, dass sie in Armut leben müssen, oder ob nicht vielmehr ungerechte, von Menschen geschaffene Strukturen für dieses Elend verantwortlich seien. Die armen Leute, die sich an Sonntagen und oft auch Werktagen zum Gebet und zur Lesung der Heiligen Schrift versammelten, entdeckten in der Bibel einen liebenden Gott, der das Elend seines Volkes sieht, seinen Schrei hört, sein Leid kennt und herabsteigt, um es aus der Sklavenhütte zu befreien (vgl. Ex 3,7–8).

Im Lichte des Wortes Gottes machten sich die Armen auf den Weg und verlangten Respekt und Gerechtigkeit. Sie pochten auf ihr in der Verfassung verankertes Recht und wählten aus den eigenen Reihen Vertreterinnen und Vertreter in den Gemeinderat. Manche Kandidaten, die ihre Wahlkampagnen bisher immer erfolgreich geschlagen hatten, gingen leer aus und verloren ihr Mandat. Die beleidigte Oberschicht beschuldigte nun die Kirche, sich in die Politik einzumischen, statt sich auf ihre religiöse Sendung zu besinnen. Alle Basisgemeinden seien marxistische Geheimbünde und Keimzellen für blutige Revolutionen. Priester und Ordensleute wurden bezichtigt, Waffen unter dem Volk zu verteilen.

Da war Feuer am Dach der Ortskirchen! Und die Reichen bewogen auch kirchliche Autoritäten, hier „nach dem Rechten" zu sehen. Die kleinen kirchlichen Basisgemeinden kamen in Verruf, wurden verleumdet, geächtet. Bei der IV. Vollversammlung in Santo Domingo gab es Bischöfe, die sich zum Sprachrohr der Reichen machten und die Basisgemeinden der Ideologisierung beschuldigten. Viel Unrecht ist geschehen. Und dennoch, die kirchlichen Basisgemeinden blieben das, was sie von Anfang an waren: Orte, an denen die Kirche wirklich lebt. Sie sind die Weise, Kirche zu sein, wie sie in Medellín und Puebla und für Amazonien in Santarém mit viel Liebe in die Wege geleitet wurde. Diese Weise, Kirche zu sein, forderte selbstverständlich von den Hirten auch eine neue Weise, Hirte zu sein. Wieder einmal bekommt Gamaliel recht: „Wenn dieses Vorhaben oder dieses Werk von Menschen stammt, wird es zerstört werden, stammt es aber von Gott, so könnt ihr es nicht vernichten; sonst werdet ihr noch als Kämpfer gegen Gott dastehen." (Apg 5,38–39)

Die Basisgemeinden überdauerten die Zeit der Verfolgung und Schmähung.

1.4.4. Die Rehabilitation der Basisgemeinden in Aparecida

Eines ist sicher. In diesen Gemeinden leben die Menschen das Evangelium. Geschwisterliches Miteinander und samaritanische gegenseitige Hilfeleistung gehören selbstverständlich zum Gemeindeleben. Aber auch die prophetische Dimension wird nicht ausgespart: Gott wird als Gott erfahren, der mit auf dem Weg ist. Diese Gemeinden sind auch Orte des Gebets, der Meditation, der mit viel Liebe vorbereiteten liturgischen Feiern.

Leider haben diese Gemeinden nur wenige Male im Jahr das Glück, Eucharistie feiern zu können. Deshalb schreiben die Bischöfe im Schlussdokument von Aparecida: „Tausende Gemeinden mit Millionen Mitgliedern haben nicht die Möglichkeit, an der sonntäglichen Eucharistiefeier teilzunehmen." (DAp 253) Es wird ihnen die Teilnahme am sonntäglichen Wortgottesdienst empfohlen. Eigenartig klingt dabei der etwas billige Trost und gutgemeinte Ratschlag, die Gläubigen sollten „sich danach sehnen, an der ganzen sonntäglichen Eucharistiefeier teilnehmen zu können" (DAp 253). Neue Zugänge zum Weihepriestertum zu suchen, damit am Sonntag in allen Gemeinden die Eucharistie gefeiert werden kann, war wohl Thema von informellen Gesprächen während der Versammlung, fand aber im Schlussdokument noch keinen Widerhall.

In Aparecida sind die so genuin lateinamerikanischen kirchlichen Basisgemeinden endlich rehabilitiert worden. Das Schlussdokument verkündet dankbar: „Die Erfahrung der Kirche von Lateinamerika und der Karibik zeigt uns, dass die kirchlichen Basisgemeinden wahre Bildungsstätten sind, in denen die Jünger und Missionare des Herrn geformt werden, wie aus dem großzügigen Engagement vieler ihrer Mitglieder zu ersehen ist, das in manchen Fällen bis zum Martyrium geht. Sie leben nach dem Beispiel der Urgemeinde, wie es in der Apostelgeschichte beschrieben ist (Apg 2,42–47)." (DAp 178) Die kirchlichen Basisgemeinden „sind der sichtbare Ausdruck der vorrangigen Option für die Armen". (DAp 179)

Die Bischöfe aus Amazonien erwarteten sich von Aparecida 2007, dass die Zerstörung und Ausbeutung Amazoniens breit thematisiert würde, ebenso die Situation der Ortskirchen Amazoniens, die besonders heimgesucht sind durch akuten Priestermangel und knappe finanzielle Ressourcen. Wir hatten einige Mühe, uns zu behaupten, denn es gab so etwas wie eine Reaktion unter den Delegierten, warum Amazonien ein besonderes Augenmerk in dieser Bischofsversammlung geschenkt werden sollte, warum nicht auch anderen Regionen Lateinamerikas und der Karibik. Man könne Amazonien nicht bevorzugen. Wir argumentierten dagegen, dass Amazonien neun lateinamerikanische Länder tangiere und dass Amazonien von großer Wichtigkeit für den ganzen Planeten Erde sei. Schließlich einigten sich die Delegierten darauf, „in ganz Amerika die Bedeutung Amazoniens für die gesamte Menschheit bewusst zu machen". (DAp 475) Den Ortskirchen Südamerikas, „die sich im Amazonasbecken befinden", wird angeraten, „eine Gesamtpastoral mit jeweils angepassten unterschiedlichen Prioritäten" auf die Beine zu stellen und „durch Einsatz von Personal und von notwendigen Finanzmitteln die Kirche in Amazonien zu unterstützen, damit sie weiter das Evangelium vom Leben verkündet und ihre pastorale Arbeit in der Ausbildung von Laien und Priestern fortsetzt". (DAp 475) Etwas mager und nichts Neues, aber immerhin!

Die Indigenen und die afroamerikanischen Völker erhielten ein eigenes Kapitel (DAp 88–97). Es fällt sofort auf, dass der Titel von diesen Völkern spricht, aber gleich „in der Kirche" hinzufügt, also die nicht katholischen Indios und Quilombolas ausschließt. Diese Einstellung teilte der Bischöfliche Rat für Indigene Völker in Brasilien (CIMI) nie. Unser Einsatz war immer *kat'holon*, katholisch im Sinne von „allumfassend", „ganzheitlich". Um dem unter die Räuber Gefallenen zu helfen, hat der barmherzige Samariter im Lukasevangelium (Lk 10,25–36) nicht zuerst nach dessen Religionsbekenntnis gefragt. Es geht um Leben und Tod, physischen oder kulturellen Tod von Volksgruppen. Der Text des Kapitels ist wieder sehr allgemein gehalten, wiederholt Aussagen von Puebla und Santo Domingo. Zudem wird die Evangelisierung auf die „explizite Verkündigung" reduziert. Das Zweite Vatikanische Konzil geht da viel weiter, wenn es vom Missionsauftrag der Kirche spricht: „Die Kirche ist von Christus gesandt, die Liebe Gottes allen Menschen und Völkern zu verkünden und mitzuteilen" (AG 10), heißt es im Dekret über die Missionstätigkeit der Kirche. „Als aber die Fülle der Zeiten kam, sandte er seinen Sohn, das Wort, das Fleisch angenommen hat und mit dem Heiligen Geist gesalbt worden ist, den Armen das Evangelium zu predigen und zu heilen, die zerschlagenen Herzens sind" (SC 5), betont die Kirche im Liturgiedokument und eindeutig sind die Eingangsworte der Pastoralkonstitution *Gaudium et spes*: „Freude und Hoffnung, Trauer und Angst der Menschen von heute, besonders der Armen und Bedrängten aller Art, sind auch Freude und Hoffnung, Trauer und Angst der Jünger Christi. Und es gibt nichts wahrhaft Menschliches, das nicht in ihren Herzen seinen Widerhall fände." (GS 1)

1.5. Wie die Ökologie in der Weltkirche zum Thema wurde

Im Zweiten Vatikanischen Konzil war Ökologie noch kein Thema. In *Gaudium et spes* heißt es lediglich, dass „der Mensch nach dem Bild Gottes geschaffen ist, fähig, seinen Schöpfer zu erkennen und zu lieben, von ihm zum Herrn über alle irdischen Geschöpfe gesetzt, um sie in Verherrlichung Gottes zu beherrschen und zu nutzen" (GS 12). Die Sichtweise von Beherrschung und Nutzung steht im Vordergrund, noch ohne jede Einschränkung oder Warnung vor den Grenzen dieser Herrschaft. *Gaudium et spes* sagt noch: „Der Mensch muss die von Gott geschaffenen Dinge lieben. Von Gott empfängt er sie, er betrachtet und schätzt sie als Gaben aus Gottes Hand." (GS 37) Das ist alles. Es fehlt noch der Hinweis auf den Auftrag, Gottes Schöpfung zu schützen, zu hüten, zu bewahren (vgl. Gen 2,15). Es fehlt noch der Hinweis auf die „Pflicht (…), das Fortbestehen ihrer Fruchtbarkeit für die kommenden Generationen zu gewährleisten" (Enzyklika *Laudato si'* 67).

Der erste Papst, der sich ausdrücklich auf die Umwelt bezog, war Paul VI., als er am 16. November 1970 eine Botschaft an die Welternährungsorganisation FAO anlässlich ihres 25. Gründungstages richtete: „Der Mensch hat Jahrtausende verbracht, um zu lernen, sich die Natur zu unterwerfen, die Erde zu beherrschen (…). Jetzt ist es an der Zeit, dass er lernt, sich selbst zu beherrschen." Anlässlich der UN-Weltumweltkonferenz in Stockholm sandte Papst Paul VI. am 1. Juni 1972 eine Botschaft an den Generalsekretär der Vereinten Nationen Kurt Waldheim, um seine Besorgnis bezüglich der Umwelt zum Ausdruck zu bringen, und stellte die Frage: „Wie können wir die Ungleichgewichte in der Biosphäre ignorieren, die durch ungeordnete Ausbeutung der physischen Reserven des Planeten entstehen, selbst mit dem Vorwand, nützliche Dinge zu produzieren, sowie die Verschwendung von nicht erneuerbaren natürlichen Ressourcen, die Verseuchung von Boden, Wasser, Luft und Weltall und die Angriffe auf das Pflanzen- und Tierleben?"

Papst Johannes Paul II. und Papst Benedikt XVI. wiesen auf die Verantwortung der Menschen im Hinblick auf die Umwelt hin. In seiner Enzyklika *Sollicitudo rei socialis* vom 30. Dezember 1987 schreibt Johannes Paul II.: Die natürlichen Ressourcen „mit absolutem Verfügungsanspruch zu benutzen, als ob sie unerschöpflich wären, bringt ihr Fortbestehen nicht nur für die gegenwärtige Generation, sondern vor allem für die künftigen in ernste Gefahr" (Nr. 34). Papst Benedikt XVI. hat den Begriff „Humanökologie" geprägt, der Papst Franziskus besonders am Herzen liegt. In seiner Botschaft zum Weltfriedenstag am 1. Jänner 2007 schreibt Benedikt XVI.: „Die Erfahrung zeigt, dass jede Rücksichtslosigkeit gegenüber der Umwelt dem menschlichen Zusammenleben Schaden zufügt und umgekehrt. Immer deutlicher tritt der untrennbare Zusammenhang zwischen dem Frieden mit der Schöpfung und dem Frieden unter den Menschen in Erscheinung." (Nr. 8) In seiner Enzyklika *Caritas in veritate* vom 29. Juni 2009 bringt Benedikt XVI. diese These auf den Punkt: „Wenn in der Gesellschaft die ‚Humanökologie' respektiert wird, profitiert davon auch die ‚Umweltökologie'." (Nr. 51)

Die Erwartungen der brasilianischen Delegation bei der XVI. Generalversammlung der Bischofssynode – kurz „Synode für Amerika" –, die vom 16. November bis zum 12. Dezember 1997 im Vatikan stattfand, waren groß. Wir hatten aber von Anfang an Zweifel, ob es tatsächlich möglich sein würde, die verschiedenen

Probleme und Herausforderungen der Kirchen in Süd-, Mittel- und Nordamerika unter einen Hut zu bringen. Die Brasilianische Bischofskonferenz (Conferência Nacional dos Bispos do Brasil, CNBB) wählte mich als einen der Delegierten. Ich war der einzige aus Amazonien und so fühlte ich mich auch als Vertreter der Ortskirchen dieser Makroregion. Meine Intervention in der Synodenaula am 27. November 1997 war denn auch ein Plädoyer für die Völker und deren Mit-Welt in Amazonien:

Ich komme aus dem brasilianischen Amazonasgebiet und möchte hier über Amazonien, seine Menschen, die indigenen Völker und die schrecklich bedrohte Umwelt sprechen. Ich spreche nicht in eigenem Namen. Auf dieser Synode leihe ich meine Stimme den Völkern Amazoniens und den Ortskirchen jener unendlichen Welt der Urwälder und Gewässer. Amazonien ist ein ganz besonderes Geschenk Gottes, des Schöpfers, ein Ausdruck seiner Liebe und seiner Zuneigung.
Bevor die Europäer kamen, gehörte Amazonien den indigenen Völkern. Seit dem 16. Jahrhundert dezimierten die Habsucht und die Gier der Weißen erbarmungslos diese Völker. Jedes Jahr werden Tausende von Quadratkilometern von jahrtausendealtem Urwald durch Feuer zerstört und fallen den Interessen der Großgrundbesitzer zum Opfer. Der Regenwald Amazoniens, die Heimat der Indigenen und der Flussbewohner, wird gewaltsam in riesige Weideflächen verwandelt. Holzfirmen beuten die noch verbliebenen Wälder aus und ruhen nicht eher, bis der letzte Edelholzbaum gefällt, zersägt und exportiert ist. Goldsucher dringen in die Wälder ein. Sie wollen um jeden Preis an Gold kommen, hinterlassen Mondkrater, verseuchte Flüsse und stecken die wehrlosen und nicht

durch Antikörper geschützten Indios mit unzähligen Krankheiten an.

Trotz aller offiziellen Erklärungen, Amazonien schützen und eine „nachhaltige Entwicklung" einführen zu wollen, ist die Wirklichkeit, in der wir leben, weit entfernt von diesen schönen Absichtserklärungen. Wenn der Raubbau, die Zerstörung und Ausplünderung der Natur- und Bodenschätze Amazoniens mit dem derzeitigen Tempo weitergehen, wird in weniger als zwanzig Jahren der schmerzliche Tag kommen, an dem wir ein Requiem für Amazonien feiern müssen: „Lacrimosa dies illa, qua resurget ex favilla judicandus homo reus" – „Tränenreich jener Tag, an dem aus der Asche der Mensch als Angeklagter aufersteht."

In diesem Kontext leben wir: Bischöfe, Priester, Ordensleute und unzählige Laien – Männer und Frauen – kämpfen um den Aufbau des Reiches Gottes in Amazonien, das nach wie vor Missionsland ist. Wir wollen nicht die „Seelsorge" vom beharrlichen Schutz der Menschenrechte trennen. Deshalb werden viele der „Unsrigen" verfolgt oder wurden ermordet. Am 10. Oktober jährte sich zum zweiten Mal der Tag, an dem mein Mitbruder Hubert Mattle mit Schüssen aus einer Maschinenpistole ermordet wurde – in dem Haus, in dem ich wohne. Von manchen kennt man nicht einmal den Ort, wo ihre Leichen verscharrt wurden. Sie starben um der Gerechtigkeit willen und verwirklichten die Worte aus dem ersten Johannesbrief: „Daran haben wir die Liebe erkannt, dass er sein Leben für uns eingesetzt hat. Auch wir sind es schuldig, unser Leben für die Brüder und Schwestern einzusetzen." (1 Joh 3,16)

Als Bischof einer Ortskirche, deren territoriale Ausdehnung größer ist als Italien, und im Namen ihrer indigenen, ländli-

chen und städtischen Gemeinden bin ich mit konkreten Vorschlägen zu dieser Synode gekommen:
* Die mutige Verpflichtung zu einer inkulturierten Evangelisierung: Dies bedeutet solidarische Nähe zu den Armen, den indigenen und afroamerikanischen Völkern und ist gleichzeitig eine Antwort auf die Globalisierung, die die lokalen und soziokulturellen Identitäten bedroht.
* Die Inkulturation fordert uns heraus, unsere Kirchenstrukturen, Liturgien, Riten, Theologien, Ausdrucksweisen und Ämter zu hinterfragen. Oft fehlt die Dynamik und die klare Ausrichtung auf die Mission der Kirche, die die Liebe des dreieinigen Gottes vermitteln und das Leben und die umfassende Befreiung der Völker Amazoniens fördern soll.
* Die Anklage der historischen und gegenwärtigen Ausbeutung des indigenen Landes und die Zerstörung ihrer Kulturen; die Begleitung der indigenen Kämpfe zur Wiedergewinnung und offiziellen Anerkennung ihres Landes und ihres gemeinschaftlichen Eigentums.
* Der Schutz des Lebens und der Biosphäre wird mit größtem Nachdruck von den indigenen Völkern eingefordert. Die kommenden Generationen werden uns fragen, was wir ihnen vererben, in Bezug auf die gerechte Verteilung der Güter unseres Planeten, die Qualität der Erde, des Wassers und der Luft. Wir benötigen eine neue Askese für den Gebrauch der Güter und eine neue Bioethik, die über fragmentierte ökologische Forderungen hinausgeht.
* In Amerika ist Amazonien wegen seiner Biodiversität eines der begehrtesten Ökosysteme, aber auch eines der bedrohtesten wegen der Ausbeutung durch Holzfirmen und Berg- und Abbauunternehmen. Diese Region ist der natür-

liche Lebensraum vieler indigener Völker, nicht nur in Brasilien, sondern auch in Französisch- und Holländisch-Guayana, Venezuela, Kolumbien, Ecuador, Peru und Bolivien. Der Schutz der indigenen Völker, ihrer Gebiete und Kulturen ist Teil des umfassenderen Schutzes dieses einzigartigen Patrimoniums der Menschheit.
Eines der wichtigsten Ziele einer inkulturierten Evangelisierung ist, den Armen „zum Subjekt seiner eigenen persönlichen Entwicklung und seiner Entwicklung in der Gemeinschaft" zu machen (Dokument von Puebla, Nr. 485), oder, wie Papst Johannes Paul II. in Santo Domingo den indigenen Völkern sagte: „Es geht definitiv darum, dass die indigenen Katholiken zu Protagonisten ihrer eigenen Fortentwicklung und Evangelisierung werden." (Botschaft an die Ureinwohner Amerikas, Nr. 6)

Die Reaktionen auf diese meine Intervention in der Synodenaula in Gegenwart von Papst Johannes Paul II. hielten sich in Grenzen. Einige Medien sprachen von einem Bischof aus Brasilien, der sich mit einem flammenden Appell zur Rettung Amazoniens an den Papst und die „Patres Synodales" gewandt habe. Im nachsynodalen Schreiben *Ecclesia in America* (EA), das Johannes Paul II. am 2. Jänner 1999 veröffentlicht hat, gibt es immerhin einen Absatz, der zunächst ganz allgemein das Thema Ökologie zur Sprache bringt: *„Gott sah, dass es gut war.* (Gen 1,25). Diese Worte, die wir im ersten Kapitel des Buches Genesis lesen, zeigen den Sinn des göttlichen Schöpfungswerks auf. Der Schöpfer vertraut dem Menschen, der Krönung der gesamten Schöpfung, die Sorge um die Erde an (vgl. Gen 2,15). Daraus ergeben sich für jeden ganz konkrete Verpflichtungen bezüglich der Umwelt, deren Erfüllung voraussetzt, dass man sich einer ethischen und spirituellen Perspektive nicht versperrt, denn nur so können egoistische Lebensauffassungen und Lebensweisen überwunden werden, die zur Erschöpfung der natürlichen Rohstoffe führen."

Dann schildert der Text die ökologische Realität Amazoniens, lässt aber alle anderen Punkte außer Acht: „Wie viel Missbrauch wird auch in vielen Gegenden Amerikas betrieben, und wie viel Schaden wird auch dort der Umwelt zugefügt! (…) Diese Zerstörungen können nicht wenige Bereiche des amerikanischen Kontinents in totale Wüsten verwandeln, was unvermeidlich zu Hunger und Not führen würde. Das Problem stellt sich besonders intensiv in den Amazonaswäldern (…). Durch seine biologische Vielfalt ist dieser Regenwald einer der am meisten geschätzten natürlichen Lebensräume auf der Welt, da er für das ökologische Gleichgewicht des ganzen Planeten lebensnotwendig ist" (EA 25).

Immerhin war das erste Mal in einem Apostolischen Schreiben des Papstes die Rede von den „Amazonaswäldern" und deren Bedeutung für den ganzen Planeten. Ein Hinweis auf eine in unserem Glauben an „Gott den Vater, den Allmächtigen, Schöpfer des Himmels und der Erde" begründete ökologische Verpflichtung, die wir nicht nur als Einzelne, sondern als Kirche Amazoniens zu erfüllen haben, fehlt jedoch vollkommen.

2.
UNSERE SYNODE –
EINE ERNEUERTE KIRCHE NICHT NUR FÜR LATEINAMERIKA

2.1. Eine Audienz mit Auftrag: „Macht mir mutige Vorschläge!"

2.1.1. Wie Kardinal Hummes mich zum Papst „schickte"

Die Brasilianische Bischofskonferenz rief 2003 eine Bischöfliche Kommission für Amazonien ins Leben und hat mich als deren Sekretär bestimmt. Nach dem Rücktritt aus Altersgründen des ersten Vorsitzenden der Kommission, Dom Jayme Chemello, rief mich der damalige Präsident der Bischofskonferenz und Erzbischof von Aparecida, Kardinal Raymundo Damasceno Assis, an und meinte, wir sollten Kardinal Cláudio Hummes ersuchen, den Vorsitz der Kommission zu übernehmen. Er hätte keine Verpflichtungen mehr in Rom und sei zurück in Brasilien. Dom Cláudio stammt aus dem südlichsten Bundesstaat Brasiliens, ist Nachfahre von deutschen Immigranten, war Bischof von Santo André, Erzbischof von Fortaleza und später der Metropole São Paulo. Von 2006 bis 2010 war er Präfekt der Kleruskongregation. Warum ein Bischof für dieses Amt, der nie in Amazonien gewirkt hat? Die Idee und Strategie war, Dom Cláudio sei als Kardinal die entsprechende „Autorität", die gesamte Bischofskonferenz auf die Realität Amazoniens einzuschwören und die Bischöfe Amazoniens bei der Suche nach neuen Wegen der Evangelisierung und den Herausforderungen einer komplexen und oft konfliktreichen Realität nicht allein zu lassen. Dom Cláudio nahm unsere Bitte gerne an.

Ich blieb Sekretär der Kommission und bin es bis heute. Ich arbeite deshalb sehr eng mit dem Kardinal zusammen und wir bilden zusammen mit Schwester Irene Lopes dos Santos und den anderen Mitgliedern der Kommission ein gutes Team. Dom

Cláudio begann sofort, die Diözesen und Prälaturen Amazoniens zu besuchen und hat inzwischen alle einmal oder sogar mehrere Male besucht. Er scheute vor mühsamen Reisen ins Hinterland, in die Indiodörfer und die kleinen Siedlungen weitab von den Ballungszentren, nicht zurück und war immer eher ein Hörender. Längst kann er mit dem Ersten Johannesbrief ausrufen: „Was wir gehört haben, was wir mit unseren Augen gesehen, was wir geschaut und was unsere Hände angefasst haben, das verkünden wir." (1 Joh 1,1)

Kardinal Hummes schaffte es, Amazonien zu einer Angelegenheit der gesamten Brasilianischen Bischofskonferenz zu machen. Entscheidend für uns war, dass er als Kardinal direkten Zugang zum Papst hat. Im Jänner oder Februar 2014 sagte er mir eines Tages: „Du bist jetzt seit 50 Jahren in Amazonien, bist seit 1980 Bischof und warst 17 Jahre Präsident des Rates für Indigene Völker – CIMI. Du musst unbedingt Papst Franziskus persönlich aus deiner Erfahrung über die Probleme Amazoniens berichten." Ich wandte ein: „Ich kann doch nicht einfach nach Rom reisen und eine Audienz beantragen!" – „Überlass das mir!", meinte der Kardinal. Und plötzlich erreichte mich ein Fax des Papstsekretärs Erzbischof Georg Gänswein mit dem Inhalt: „Papst Franziskus wird Sie am 4. April 2014 in Privataudienz empfangen." Ich war überrascht, dass das alles so schnell ging, und dachte sofort an die Schwerpunkte für ein Gespräch mit dem Papst: Die Lage der indigenen Völker, Amazonien und die Ökologie, die tausenden eucharistielosen Gemeinden. So reiste ich also nach Rom und bekam sogar in der Domus Sanctae Marthae ein Zimmer. Ich sah Papst Franziskus mehrere Male im Haus und war überrascht, wie er sich beim Abendessen selbst am Buffet bediente und dann im Gang vor dem Lift wartete – die Schweizer Gardisten in Zivil in

Respektsabstand mit winzigem Stöpsel im Ohr und einer dünnen Schnur, die in die Rocktasche führte. Tutto sotto controllo!

2.1.2. „Ihr sind jo da Bischof Kräutler us am öschtrichischa Rhintl"

Von den Ad-Limina-Besuchen bei Papst Johannes Paul II. und Benedikt XVI. wusste ich, dass ein Bischof fast drei Stunden vor der Audienz beim Bronzetor zu sein hatte. Ich hatte den Theologen Paulo Suess eingeladen, mit mir zur Audienz zu gehen. Paulo Suess ist in Köln geboren und lebt wie ich seit den 1960er Jahren in Brasilien, begann seinen Dienst als Priester in Juruti in der Prälatur Óbidos, Amazonien, setzte dann seine Studien fort und ist Professor für Missiologie in São Paulo und zudem seit der Gründung des Rates für Indigene Völker (CIMI) dessen theologischer Berater. Ich verdanke ihm persönlich und seinen Texten und Publikationen sehr viel. Er war auch mein theologischer Berater bei der Amerika-Synode 1997 und bei anderen wichtigen Versammlungen und Seminaren und ist heute einer der Experten für die Vorbereitung der Amazoniensynode.

Jedes Mal, wenn ich meinen Ad-Limina-Besuch absolvierte, scherzte ich mit dem Schweizer Gardisten in seinem Dialekt, den ich beherrsche, sodass er mich fragte, ob ich aus dem Kanton St. Gallen sei. Auch diesmal war es so. Wir standen also kurz nach sieben Uhr beim Bronzetor und der Schweizer Gardist fragte mich auf Italienisch, ob ich einen Termin habe. Ich antwortete in seiner Muttersprache. Woraufhin der Gardist sagte: „Ach so, Ihr sind jo da Bischof Kräutler us am öschtrichischa Rhintl (Sie sind ja der Bischof Kräutler aus dem österreichischen Rheintal). Sie sind viel zu früh da! Bei diesem Papst läuft es anders als bei seinen Vorgängern. Aber, wenn Sie wollen, können Sie ja die Zeit nutzen und in die Kapelle Redemptoris Mater im zweiten Stock gehen. Da hält der Kapuzinerpater Raniero Cantalamessa um neun Uhr eine Fastenpredigt, an der auch der Papst teilnimmt."

Ich nahm den Vorschlag an. Wir gingen hinauf und setzten uns in die letzte Bank – und dies nicht aus einer besonderen Demutshaltung. Ich wollte einen Überblick über die Kardinäle, Bischöfe und andere Gestalten der Curia Romana bekommen. Ich kannte eigentlich niemanden. Es fiel mir auf, dass in der hintersten Bank auf der anderen Seite zwei Frauen saßen. „Also doch auch Frauen!", dachte ich mir, „aber eben nur zwei!" Eine weihevolle Atmosphäre prägte den Raum. Vorne in der Mitte stand ein weißer goldverbrämter Thron und unweit davon ein Tischchen mit einem Lesepult. Plötzlich ging rechts vorne die Türe auf. Der Papst trat in die Kapelle und, statt sich auf den Thron zu setzen, nahm er in der ersten Reihe Platz. „Hoppla", sagte ich zu mir selbst, „da weht nun wirklich ein anderer Wind!" Ich gestehe, dass ich nicht sonderlich auf die Predigt des berühmten Kapuziners achtgab. Ich erinnere mich nur, dass es ein etwas ermüdender Vortrag war und er immer wieder Papst Leo den Großen (440–461) zitierte. In meinen Gedanken war ich damit beschäftigt, wie ich dem Papst meine drei Punkte überzeugend mitteilen konnte.

Nach der Fastenpredigt ging es in den nächsten Stock. Ein Monsignore erwartete uns und lud uns ein, auf einem der Plüschsofas oder -sessel Platz zu nehmen, bis der Heilige Vater uns empfangen würde. Es dauerte nicht lange und die Tür zur Privatbibliothek ging auf. Papst Franziskus hieß uns persönlich an der Tür willkommen. Paulo übergab ihm sein Buch *Vierzig Schlüsselwörter zu Aparecida* in spanischer Sprache. Der Papst zeigte sich sichtlich interessiert, war er doch damals bei der V. Lateinamerikanischen Bischofsversammlung in Aparecida als Erzbischof von Buenos Aires mit dabei und zudem Mitglied der Redaktionskommission für das Schlussdokument gewesen. Da Paulo nicht an der ganzen Audienz teilnehmen konnte, sprach er auch gleich von den „eucharistielosen" Gemeinden, und Papst Franziskus antwortete sofort, dass er von den Bischöfen konkrete und mutige Vorschläge erwarte. Ich sagte gleich dazu: „Corajudos!" Der Papst lachte und fragte, ob ich mich an dieses Wort erinnerte, das er anlässlich des Weltjugendtages in Rio de Janeiro am 27. Juli 2013 benutzt habe, um den Bischöfen ins Gewissen zu reden: „Ich bitte euch: seid mutig, habt Parrhesia! Im Dialekt von Buenos Aires würde ich euch sagen: ‚Sean corajudos'". Man kann dieses Wort mit „kühn", „couragiert", ja sogar mit „verwegen" übersetzen.

2.1.3. Meine drei Anliegen an den Papst

Nach den üblichen Fotos bat mich der Papst, Platz zu nehmen. Die gesamte Atmosphäre war so ganz anders als bei den Ad-Limina-Besuchen. Ich saß da einem väterlichen und gleichzeitig brüderlich lächelnden Papst gegenüber – etwas nervös, gebe ich zu. Aber ich legte gleich los, denn ich musste diesen *Kairos* unbedingt nutzen und meine drei Punkte vorbringen.

Punkt eins: Die Situation der indigenen Völker Amazoniens

„In den letzten Monaten werden die in der brasilianischen Verfassung verankerten Rechte der indigenen Völker wieder massiv infrage gestellt", erläuterte ich dem Papst. „Bei der verfassungsgebenden Versammlung 1987/88 hatte die katholische Kirche durch ihren Rat für Indigene Völker (CIMI) zusammen mit Vertretern der verschiedenen indigenen Völker erreicht, dass die Rechte der Indigenen auf ihre eigenen Sprachen, kulturellen Ausdrucksformen, Traditionen, auf ihre eigene soziale Organisation und vor allem auf ihr angestammtes Land in der brasilianischen Verfassung verankert wurden. Heute sind diese Verfassungsbestimmungen im brasilianischen Nationalkongress wieder Zielscheibe von massiven Angriffen. Dabei schrecken manche Abgeordnete nicht davor zurück, die Kirche selbst zu attackieren, insbesondere den Rat für Indigene Völker der brasilianischen Bischofskonferenz." Ich überreichte dem Papst eine kurz gefasste Dokumentation über die indigenen Völker in Brasilien, in der auch von indigenen Völkern die Rede ist, die jedem Kontakt mit der nicht-indigenen Gesellschaft widerstehen und sich immer weiter in die Wälder zurückziehen. Diese Völker sind besonders seitens der Holzunternehmen, der Bergwerksgesellschaften und durch Kraftwerksbauten bedroht, weil sie offiziell ja gar nicht existieren.

Punkt zwei: Amazonien und die Ökologie
„Amazonien wird immer mehr zerstört und skrupellos ausgebeutet", fuhr ich fort. „Wissenschafter sagen, der tropische Regenwald habe eine klimaregulierende Funktion für den ganzen Planeten. Die gesamte Welt hängt also von Amazonien ab. Übrigens gibt es nicht nur indigene Völker in Amazonien, sondern Millionen von Menschen, die auf dem Land, an den Flüssen und immer mehr auch in den Städten und Ballungszentren leben. Welche Zukunft haben diese Menschen, die Kinder, die heute auf die Welt kommen, unsere Jugend? Was kommt auf sie alle zu?"

Papst Franziskus unterbrach mich in diesem Augenblick und verriet mir, dass er daran sei, eine Enzyklika über die Ökologie zu schreiben. Gleich aber fügte er hinzu: „Una ecología humana", denn es gehe ihm um die Verantwortung aller Menschen auf allen Kontinenten für die Schöpfung, ohne die wir gar nicht leben können. Er will also nicht, dachte ich mir sofort, über eine anonyme Umwelt schreiben, der wir gegenüberstehen, sondern über unsere Mitwelt. Ich bedankte mich und sagte nur: „Lieber Heiliger Vater, in dieser Enzyklika dürfen aber Amazonien und die indigenen Völker auf keinen Fall fehlen!" Er nickte freundlich und zustimmend und bat mich auch gleich, mich mit Kardinal Peter Turkson in Verbindung zu setzen, damals Präsident der päpstlichen Kommission für Gerechtigkeit und Frieden. Das tat ich dann auch unverzüglich, als ich wieder in Brasilien zurück war, und schickte dem Kardinal aus Ghana die ersten Unterlagen. Dieser ließ weitere anfordern und so wusste ich auch, dass meine Bitte an den Papst in Erfüllung gehen werde. Einige Medien berichteten später, ich hätte als „Ghostwriter" an der Enzyklika mitgearbeitet. Das ist natürlich total übertrieben. In Wirklichkeit habe ich nichts anderes getan, als Kardinal Turkson Unterlagen über die indigenen Völker und Amazonien zukommen zu lassen, die dann in der Enzyklika *Laudato si'*, insbesondere unter den Nummern 37/38 und 145/146 ihren Niederschlag fanden.

Eines spürte ich sofort bei der Audienz: Papst Franziskus sorgt sich um die Indios und den tropischen Regenwald. Ich rannte also offene Türen ein. Schon beim Weltjugendtag 2013 in Rio de Janeiro hatte er die brasilianischen Bischöfe aufgefordert, sich für die Bewahrung der Schöpfung einzusetzen, „die Gott dem Menschen anvertraut hat, nicht um sie skrupellos auszubeuten, sondern sie zu einem Garten zu gestalten". Er prägte damals den Ausdruck „Amazonien ist der Lackmustest für die brasilianische Kirche und Gesellschaft".

Punkt drei: die eucharistielosen Gemeinden
„Was uns Bischöfen in Amazonien ganz besondere Sorge bereitet, sind die Gemeinden ohne Eucharistie", sagte ich einleitend zu meinem dritten Punkt. „90 Prozent der Gemeinden haben nicht jeden Sonntag, 70 Prozent aller Gemeinden nur ein, zwei, drei oder maximal vier Mal im Jahr die Möglichkeit, an einer Eucharistiefeier teilzunehmen. Es handelt sich um eine fatale Entwöhnung von der Eucharistie. Die Messfeier wird zu einer ‚Angelegenheit des Priesters' und nicht der Gemeinde. ‚Wenn der Priester kommt, feiert er für uns die Messe', sagen viele. Die Gemeinden feiern sonntags wohl einen Wortgottesdienst, aber erkennen kaum noch einen Unterschied zu den evangelikalen Gemeinschaften, die in ihren Tempeln gleich nebenan zusammenkommen. Viele nehmen Abschied von der katholischen Kirche, denn gerade in schwierigen Lebenssituationen ist ja kein Priester da, wohl aber ein Pastor. Das einzige katholische Merkmal, das bleibt, ist die Marien- und Heiligenverehrung. Aber das Zentrum unseres Glaubens fehlt."

Der Papst sah mich sorgenvoll an und plötzlich sagte er: „Haben Sie einen Vorschlag?" Ich war total überrascht, denn noch nie hatte mich ein Papst nach meiner Meinung gefragt. So sagte ich schlicht: „Es muss einen Weg geben, damit unsere Leute nicht von der Eucharistie ausgeschlossen sind. Jesus hat den Auftrag gegeben: ‚Tut dies zu meinem Gedächtnis'." Papst Franziskus verwies auf einen Bischof in Mexiko; es handelte sich um den verstorbenen Bischof Samuel Ruiz von San Cristobal de las Casas, den ich kannte. Dieser habe mehr als hundert verheiratete indigene Männer zu Diakonen geweiht, die nun ihren Gemeinden vorstehen, aber die Eucharistie nicht feiern können, weil sie nicht die Priesterweihe empfangen haben. „Und warum?" fragte mich der Papst. „Weil sie verheiratet sind", gab ich zur Antwort. Besonders überrascht war ich, dass Papst Franziskus auch die Idee von Bischof Lobinger kannte. Er nannte dessen Namen zwar nicht, sprach aber von einem „sehr interessanten Vorschlag" eines Bischofs aus Südafrika.

Fritz Lobinger, ein gebürtiger Bayer, war von 1987 bis 2004 Bischof von Aliwal in Südafrika. Sein Vorschlag ist, dass die kleinen Gemeinden von einem „team of elders" geleitet werden sollen. Diese „Teams von Gemeindeältesten" würden nur für ihre Gemeinde geweiht, nebenberuflich und zeitlich befristet. Der Hintergrund war, dass im Bistum von Bischof Lobinger im Schnitt drei Priester ein Netzwerk von 50 Gemeinden geleitet haben, in denen etwa 500 leitende Laienmitarbeiterinnen und -mitarbeiter tätig waren. Um die gemeinsame Verantwortung zu fördern, wurden die Leitungsaufgaben nur an Teams vergeben, die ihre Aufgaben im Rotationsprinzip wahrnahmen und nur für eine bestimmte Zeit beauftragt waren.

Papst Franziskus sah während unseres Gesprächs nie auf die Uhr. Am Schluss bedankte ich mich von Herzen, dass er mir eine Privataudienz gewährt habe, und sagte ihm, dass die Menschen am Xingu ihn unendlich gern hätten. Er beauftragte mich, alle in seinem Namen zu umarmen und ihnen zu sagen, dass sie für ihn beten mögen. Mit einem *fraterno abraço* verabschiedete er sich und bat mich nochmals persönlich, für ihn zu beten. Zurück in Sancta Martha machte ich mir sofort Pro-memoria-Notizen, um ja nichts vom Gespräch mit Papst Franziskus zu vergessen. Ein paar Tage später reiste ich nach Brasilien zurück, denn es stand ja Ostern vor der Tür.

Bereits unmittelbar darauf, am 30. April 2014, begann die neun Tage dauernde Generalversammlung der Bischofskonferenz

(CNBB) im Nationalheiligtum von Aparecida. Am 6. Mai berichtete ich den versammelten Bischöfen über die Themen der Privataudienz. Die Aufmerksamkeit war sehr groß und es fehlte nicht an Kommentaren und Vorschlägen. Der damalige Vorsitzende der Bischofskonferenz Kardinal Raymundo Damasceno de Assis schlug vor, eine Kommission zu schaffen, die sich mit all diesen Fragen, insbesondere den eucharistielosen Gemeinden, beschäftigen sollte. Es blieb leider nur beim Vorschlag. Fünf Jahre sollten vergehen, bis dieselben Themen nun zur Agenda einer Synode für Pan-Amazonien gehörten.

2.2. Wie Franziskus die Erneuerung voranbringen will

2.2.1. Neue Wege nur mit den Bischofskonferenzen

In der Audienz, die mir Papst Franziskus gewährt hatte, machte er seinen Stil und seine Vorgangsweise für Reformen in der katholischen Kirche deutlich. Er wird nichts im Alleingang tun, sondern appelliert an die Bischöfe: „Macht mir mutige Vorschläge!" Es war mir klar geworden, dass sich Papst Franziskus von der größten Bischofskonferenz des Planeten viel erwartet und ihr vertraut – aber nicht nur der brasilianischen Bischofskonferenz, sondern allen Bischofskonferenzen. Neue Wege für die Kirche sind nur möglich, wenn die Bischofskonferenzen und einzelnen Bischöfe sich einbringen, am selben Strang ziehen und eben dazu den nötigen Mut, die Parrhesia der Apostelgeschichte, aufbringen.

Vorbei ist die Zeit der Päpste Johannes Paul II. und Benedikt XVI., denen es eher daran lag, die Kirche straff zentralistisch zu lenken. Die Bischöfe schienen oft nicht mehr zu sein als in der ganzen Welt verstreute „Filialleiter" des Vatikans. Der Einfluss der nationalen Bischofskonferenzen wurde unter diesen Pontifikaten – eigentlich ein Schuss ins eigene Knie! – immer wieder geschmälert. Es wurde darauf hingewiesen, dass die Bischofskonferenzen keine Rechtsbefugnisse im Hinblick auf die einzelnen Bischöfe hätten. Mit anderen Worten: Die Bischofskonferenzen sollen die Kollegialität der Bischöfe demonstrieren, ihre Beschlüsse und Erklärungen sind aber nicht bindend für die einzelnen Ortsbischöfe. Ein Ortsbischof kann diese akzeptieren oder auch nicht. Deshalb hält sich auch die Möglichkeit der Einflussnahme einer Bischofskonferenz bei der Römischen Kurie in Grenzen. Auch sind es nicht die Bischofskonferenzen, die bei anstehenden Bischofsernennungen in ihren Ländern dem Papst Vorschläge unterbreiten; vielmehr ist anstatt der Bischofskonferenz die jeweilige Apostolische Nuntiatur dafür zuständig.

Wie oft hörte und hört man Bischöfe, wenn es um überdiözesane Angelegenheiten geht, wie etwa die Zulassungsmöglichkeiten zum Weihepriestertum, – sich die Hände waschend – sagen: „Das ist Sache der Weltkirche". Und sie meinen damit oft nicht einmal den Papst, sondern die Römische Kurie. Auf welchem Planeten befindet sich denn diese „Weltkirche"? Vielen Bischöfen ist leider entgangen, was das Zweite Vatikanische Konzil in der Dogmatischen Konstitution *Lumen gentium* über die Bischöfe geschrieben hat: „Als Glieder des Bischofskollegiums und rechtmäßige Nachfolger der Apostel sind sie aufgrund von Christi Stiftung und Vorschrift zur Sorge für die Gesamtkirche gehalten." (LG 23)

Gott sei Dank, Papst Franziskus ist anders! Seit Beginn seines Pontifikats scheint er die Bischofskonferenzen rehabilitieren zu wollen, indem er auf sie hört und sich beraten lässt. Ein neues Verständnis von Weltkirche greift Platz, wie es Pater Medard Kehl SJ in einem Artikel zur Interpretation von *Lumen gentium* 23 formuliert hat: „Die katholische Kirche versteht sich nicht mehr als über die ganze Welt hin ausgebreitete römische Stadtkirche, sondern als eine Gemeinschaft von eigenständigen, miteinander und mit der Kirche in Rom in Communio stehenden Ortskirchen." (*Aus der Kraft des Konzils. Überlegungen zur Lage der Kirche*)

Franziskus ist, bevor er spricht, immer ein hörender Papst. Er beruft die Vorsitzenden der Bischofskonferenzen nach Rom und zitiert in seinen Enzykliken und Apostolischen Schreiben immer wieder Dokumente von Bischofskonferenzen der verschiedenen

Kontinente. Dies tat er dann auch bei der Einberufung der Amazoniensynode. Wortwörtlich sagte er am 15. Oktober 2017: „Auf Anfrage einiger Bischofskonferenzen von Lateinamerika sowie vieler Hirten und Gläubigen aus allen Teilen der Welt habe ich mich entschiedenen, eine Sonderversammlung der Bischofssynode für die pan-amazonische Region einzuberufen."

In der Folge gab Franziskus am 8. März 2018 die Namen der 18 Mitglieder des Vorsynodalen Rates bekannt, die beauftragt sind, zusammen mit dem Generalsekretär Kardinal Lorenzo Baldisseri die Synode vorzubereiten: 16 Bischöfe aus den verschiedenen Länder, zwei davon aus der Römischen Kurie, dazu der Ecuadorianer Mauricio López, Generalsekretär von REPAM (Rede Eclesial Pan-Amazônica, pan-amazonisches Kirchen-Netzwerk), und als einzige Frau Schwester Irene Lopes dos Santos aus Brasilien. Sie ist Sekretärin der Bischöflichen Kommission für Amazonien der Brasilianischen Bischofskonferenz, zur Synode ist sie aber als Vertreterin der Lateinamerikanischen und Karibischen Konferenz für Ordensleute (CLAR) eingeladen.

2.2.2. Sehen und hören

Papst Franziskus geht sehr nach dem Prinzip „sehen/hören – urteilen/unterscheiden – handeln" vor. Er sieht die Menschen nicht als Objekte von Studien, sondern als Subjekte, die sich in der Synode authentisch einbringen können. Am 19. Jänner 2018 traf er in Puerto Maldonado mit Indios der peruanischen Amazonasregion zusammen. Die Indios redeten sich ihr Leid von den Herzen und der Papst erklärte, nachdem er sie „angehört" hatte: „Die Synode hat bereits begonnen." Er umarmte die Indigenas mit den Worten: „Die Synode wird uns eine Tür der Unerschrockenheit offen lassen, damit wir ohne Angst träumen können." Diese Begegnung des Papstes mit den Indios in Puerto Maldonado war wohl eine der ergreifendsten Szenen seines bisherigen Pontifikats. Der Papst „hörte" auf die Indios, sie wurden Teil der Synode.

Zur Vorbereitung der Synode wurden in allen Diözesen Amazoniens Versammlungen des Kirchenvolkes durchgeführt. Diese haben den Vorbereitungstext für die Synode durchgearbeitet und einen Katalog von 30 Fragen aus ihrer Sicht und Erfahrung beantwortet. Die Ergebnisse wurden in den regionalen Bischofskonferenzen zusammengefasst und nach Brasília geschickt, wo eine Synthese erarbeitet wurde. Die Antworten, Klagen und Forderungen des Volkes Gottes bis in die kleinsten Gemeinden und Indio-Dörfer hinein sind auf diese Weise zu einem essentiellen Teil der Synode geworden.

Damit unterscheidet sich das *Instrumentum laboris*, das endgültige Arbeitspapier für die Amazoniensynode, das im Mai 2019 erstellt wurde, wesentlich von bisherigen Dokumenten dieser Art. Es ist keine akribisch verfasste Abhandlung über die sozialen, politischen, wirtschaftlichen, kulturellen und religiösen Verhältnisse in Amazonien, vielmehr bekamen alle Christinnen und Christen das Recht, in diesem synodalen Prozess ihre Freuden und Leiden, ihre Hoffnungen und Ängste, ihre Enttäuschungen über und ihre Erwartungen an ihre Kirche zu äußern und nach Rom zu schicken.

Entspricht das einer „Bischofs"-Synode, wenn im Vorfeld nicht die einzelnen Ortsbischöfe, sondern das „Volk Gottes" befragt wird? Jeder Bischof ist vor den ihm bei der Weihe übertragenen „munera sanctificandi, docendi et regendi" zuerst einmal „Knecht Christi Jesu" (Röm 1,1) und Diener des Volkes Gottes. Wie der

Papst selbst soll er ein „hörender" Bischof sein und die Anliegen seines Volkes in der Synode einbringen.

Die erste Versammlung des Vorsynodalen Rates in Rom fand dann am 12. und 13. April 2018 statt. Papst Franziskus nahm an allen Sitzungen teil, mit Ausnahme des Mittwochvormittags aufgrund der an diesem Tag üblichen Generalaudienz. Gleich zu Beginn erklärte er: „Ich bin nicht gekommen, um zu reden, sondern um zu hören. Ich möchte wissen, wie ihr über die einzelnen Punkte des zur Debatte stehenden Papiers denkt." Das war denn schon alles. Er hörte zu und hörte zu. Man sagt ja Papst Franziskus nach, er lasse sich immer gerne beraten, höre geduldig zu, wäge ab und erst dann bilde er sich eine Meinung, von der er dann allerdings nicht mehr so schnell abgehe. Während der Kaffeepausen war der Papst allerdings gesprächig, ja sogar zu Scherzen aufgelegt. Irgendwie spürte ich, dass er sich wohl fühlte unter den Lateinamerikanern. Lächelnd nahm er Einladungen zu einem Gruppenfoto oder einem Selfie an. Dom Roque Paloschi, Erzbischof von Porto Velho, Brasilien, brachte einige kleine Geschenke mit und bat mich, diese mit ihm zusammen dem Papst zu überreichen. Er drückte mir ein kleines Fläschchen in die Hand: Likör aus Cupuaçu, einer typischen Frucht Amazoniens. Franziskus war überrascht und fragte lachend auch gleich nach dem Inhalt: „Cachaça (brasilianischer Zuckerrohrschnaps)?" „Nein, keine Sorge, Santo Padre, nur ein harmloser Likör!"

Worum ging es in dieser ersten Versammlung des Vorsynodalen Rates? Im Vorfeld hatten die von uns schon zu Hause in Lateinamerika vorgeschlagenen Expertinnen und Experten zusammen mit einigen römischen Theologen ein Konzept für die *Lineamenta* entworfen. Es lag vor uns auf dem Tisch. Die Gliederung des Textes folgte dem in lateinamerikanischen Dokumenten längst bekannten Dreischritt: sehen – urteilen – handeln. Wir ackerten alle Absätze durch und machten Änderungsvorschläge, Zusätze, lehnten Passagen ab oder nahmen Kürzungen vor. Manchmal gab es Meinungsverschiedenheiten, vor allem mit den „Römern". Das Ergebnis war ein erstes Vorbereitungsdokument, das neuerlich von den 18 Mitgliedern des Rates für die Synode durchgearbeitet und redigiert wurde.

Am 14. und 15. Mai 2019 tagten die 18 Mitglieder des Vorsynodalen Rates neuerlich in Rom zusammen mit den Expertinnen und Experten, die bereits im Vorfeld das entsprechende Arbeitspapier auf der Basis der Synthese der Beiträge aus den Gemeinden angefertigt hatten. Leider konnte der Papst diesmal nicht teilnehmen. Wir arbeiteten die zwei Tage sehr hart, um das *Instrumentum laboris*, das endgültige Arbeitspapier, für die Synode im Oktober 2019 fertigzustellen.

Die Diskussionen waren nicht immer einfach. Wir spürten manchmal eiskalten Gegenwind. Selbst die Temperaturen in Rom waren für diese Jahreszeit außergewöhnlich niedrig. Das Problem ist immer dasselbe: Meinungen, die auf einer langjährigen pastoralen Erfahrung und auf dem direkten Kontakt mit dem Volk Gottes fußen, prallen zusammen mit kalten Normen, Canones und Paragraphen, vertreten von Mitgliedern der Römischen Kurie, die Lateinamerika nur aus der Touristenperspektive kennen und überhaupt wohl kaum einmal direkt in der Pfarrseelsorge gearbeitet haben. Wir schlugen uns dennoch wacker und beschlossen das Dokument, das an alle Bischöfe Amazoniens versandt wurde, damit sie sich gebührlich auf die Debatten in der Synodenaula und auf die Gruppenarbeit in den *Circuli minores* vorbereiten können.

Wir haben auch darauf gedrängt, dass einige emeritierte Bischöfe eingeladen werden, die jahrzehntelang Verantwortung für Diözesen und Prälaturen getragen und reiche Erfahrung in Amazonien gesammelt haben, sei es, weil sie dort geboren sind, sei es, weil sie trotz ihrer Emeritierung immer noch in der pastoralen Arbeit tätig sind. Weiters schlugen wir vor, dass mehr Laien und Ordensleute eingeladen werden, die an „vorderster Front" arbeiten. Das ist auch geschehen. Diese Schwestern und Brüder können ihre Kenntnisse und Erfahrung an der Basis direkt in der Synode einbringen. Sitz und Stimme haben allerdings nur die Bischöfe, weil es sich um eine Bischofssynode handelt. Eine besondere Freude und Genugtuung für uns alle war die Ernennung unseres Kardinals Cláudio Hummes zum Generalrelator der Synode. Er wird also, nach dem Papst, der erste Mann im Synodenteam sein.

Am 17. Juni 2019 veröffentlichte das Generalsekretariat der Synode im Vatikan schließlich das *Instrumentum laboris*. In diesem offiziellen Text für die Synode fanden – trotz einiger römischer Bremsmanöver – die Erwartungen und Hoffnungen ihren Niederschlag, die von den vielen hunderten Gemeinden und Gemeinschaften quer durch ganz Amazonien formuliert worden waren.

Das Arbeitspapier ist dreigeteilt:
* Die Stimme Amazoniens: Die von der Bevölkerung Amazoniens eingebrachten Sorgen und Anliegen kommen hier direkt zur Sprache.
* Ganzheitliche Ökologie: die Klage der Erde und der Armen.
* Eine samaritanische Kirche: Herausforderungen und Hoffnungen.

Das im Original auf Spanisch verfasste Dokument geht unter dem Schlagwort einer „ganzheitlichen Ökologie" auf ökologische und soziale Probleme in der Amazonasregion ein. Genannt werden neben Raubbau an den natürlichen Ressourcen und der Bedrohung indigener Völker auch Migration, Urbanisierung, gesellschaftlicher Wandel und Korruption sowie Gesundheit, Bildung und eine „ökologische Bekehrung". Die Kirche müsse eine „prophetische Rolle" in der Auseinandersetzung mit Macht und Menschenrechten einnehmen. Weiters thematisiert das 59-seitige Dokument Herausforderungen der Kirche etwa im Umgang mit Ungerechtigkeit und kultureller Vielfalt, aber auch Herausforderungen der Seelsorge.

In diesem Zusammenhang heißt es, die Synode solle die Möglichkeit prüfen, in entlegenen Gegenden angesehene Familienväter (*viri probati*) zur Priesterweihe zuzulassen, damit die Gemeinden die sonntägliche Eucharistie feiern können. Auch wird eine Diskussion über einen amtlichen Dienst von Frauen in der Kirche vorgeschlagen; dabei verweist das Papier auf die „zentrale Rolle" von Frauen in den Gemeinden. Statt jedoch bereits Lösungsvorschläge zu liefern, werden gemäß dem Stil eines Arbeitsdokuments Fragestellungen für die Synode aufgezeigt. In der restlichen Zeit vor der Synode sollten die einzelnen regionalen Bischofskonferenzen, aber auch die Gemeinden und Gemeinschaften dieses Arbeitspapier studieren, ergänzen und Antworten und Vorschläge zu den einzelnen Punkten anbringen.

2.2.3. Der *Sensus fidelium* des Volkes Gottes Amazoniens

Zeigt sich da nicht etwas ganz Neues? Oder steigt da nun doch endlich ein längst vermodert geglaubter Phönix aus der Asche? Die Antworten des Volkes Gottes, der Christinnen und Christen, Frauen und Männer, Jugendlichen und alten Menschen sind wesentlicher Teil der Synode für Pan-Amazonien. Ich erinnere an einen uralten Begriff, der nicht so oft verwendet wird: *Sensus fidei* oder *Sensus fidelium*. Wir finden das lateinische Wort *sensus* in

Sensibilität, Sensor, Sensation. Es meint so etwas wie ein instinktives Gefühl oder Gespür für etwas, ein „Empfinden", also nicht ein nur rational geformtes Urteil über etwas oder jemanden, sondern eine „Gewissheit", die „aus dem Herzen" kommt und unser Denken, Urteilen und Entscheiden zutiefst beeinflusst.

Von Blaise Pascal stammt das Wort: „Das Herz hat seine Gründe, die der Verstand nicht kennt" („Le cœur a ses raisons que la raison ne connaît pas" – Pensées IV, 277). In diesem Sinne kann man den *Sensus fidei* oder *Sensus fidelium* als „Glaubenssinn" des Einzelnen und als gemeinsam erlebtes „Gespür" aller Gläubigen interpretieren. Aus diesem besonderen „Gespür" entspringt eine Art Übereinstimmung, der *Consensus fidelium* (vgl. Internationale Theologische Kommission, Sensus fidei im Leben der Kirche, 2014, n. 3).

Der Begriff *Sensus fidei* trat in den Hintergrund, als Papst Pius IX. auf dem Ersten Vatikanischen Konzil am 18. Juli 1870 das päpstliche Unfehlbarkeitsdogma für *ex cathedra* verkündete Glaubenssätze proklamierte. Es kam zu einer ungeten Gegenüberstellung einer *Ecclesia docens* (lehrende Kirche) und einer *Ecclesia discens* (lernende Kirche). Das Zweite Vatikanische Konzil – dem Heiligen Geist sei es gedankt! – musste da nachbessern und spricht in der Konstitution *Lumen gentium* vom übernatürlichen Glaubenssinn (*supernaturalis sensus fidei*): „Die Gesamtheit der Gläubigen, welche die Salbung von dem Heiligen haben (vgl. 1 Joh 2,20.27), kann im Glauben nicht irren." (LG 12)

Seit meiner Jugendzeit verehre ich den 2010 selig gesprochenen Kardinal John Henry Newman. Das ergreifende Gebet *Lead, kindly light,* innig wie so mancher Psalm, schrieb er mit 33 Jahren auf der Reise von Palermo nach Marseille, als er nach drei Wochen schwerer, ja lebensbedrohlicher Krankheit schließlich doch auf dem Weg zurück in seine Heimat war:

Lead, kindly light, amid the encircling gloom,
lead thou me on;
the night is dark, and I am far from home;
lead thou me on.
Keep thou my feet; I do not ask to see
the distant scene; one step enough for me

Das ganze Gebet, frei übersetzt:

Führe Du, mildes Licht, im Dunkel, das mich umgibt,
führe Du mich hinan!
Die Nacht ist finster, und ich bin fern der Heimat:
Führe Du mich hinan!
Leite Du meinen Fuß – sehe ich auch nicht weiter:
Wenn ich nur sehe jeden Schritt.

Einst war ich weit zu beten, dass Du mich führtest.
Selbst wollt ich wählen.
Selbst mir Licht, trotzend dem Abgrund,
dachte ich meinen Pfad zu bestimmen,
setzte mir stolz das eigene Ziel.
Aber jetzt – lass es vergessen sein.
Des Mondes mildes Licht über einem Moor.

Du hast so lang mich behütet –
wirst mich auch weiter führen:
über sumpfiges Moor,
über Ströme und lauernde Klippen,

bis vorüber die Nacht
und im Morgenlicht Engel mir winken.
Ach, ich habe sie längst geliebt –
nur vergessen für kurze Zeit.

Ich habe dieses Gebet immer wieder in meiner Jugend- und Studentenzeit gebetet. Jahrzehnte später stieg es wieder aus meinem Unterbewussten hoch, als ich aufgrund meines Einsatzes für die Menschen am Xingu bedroht wurde und ein Korrespondent der größten Tageszeitung des Nordens sogar in einem Kommentar schrieb, in meinem Fall sei „der Rat des Vaters des großen römischen Tribuns Cicero" zu befolgen: „Männer wie dieser Geistliche müssen ‚eliminiert' werden!" („Reagir é a palavra de ordem" in *O Liberal*, 5. Juni 2006, S. 11).

Newman war zuerst Pfarrer der „Kirche von England", später konvertierte er zur katholischen Kirche und Papst Leo XIII. ernannte ihn 1879 zum Kardinaldiakon. In seinem Artikel *On Consulting the Faithful in Matters of Doctrine* aus dem Jahre 1859, den der selbstbewusste Pius IX. wohl nie gelesen hat, gab Newman seiner Überzeugung Ausdruck, dass die gesamte Kirche es sei, die Gottes Offenbarung trage und weitergebe und dies auf unterschiedliche Weise: in Konzilien, in Enzykliken, päpstlichen Schreiben und Aussagen, aber eben auch und gerade im lebendigen Zeugnis (*Sensus fidei, Sensus fidelium*) des Volkes Gottes.

Auf diesen *Sensus fidelium* der Menschen Amazoniens will Papst Franziskus hören. „Hören" bedeutet dabei entschieden mehr als nur Töne, Klänge oder Geräusche an unser Trommelfell heranzulassen. Es geht um das bewusste Aufnehmen, die Interpretation der Tonschwingungen für unser Leben als Kirche, miteinander und füreinander! Das Vorbereitungsdokument beschreibt diese Vorgangsweise in Nr. 64 so:

> 64. Eine Sonderversammlung der Bischofssynode für das Amazonasgebiet ist auf ein wirksames Einüben gegenseitigen Zuhörens angewiesen, insbesondere auf das Aufeinander-Hören zwischen dem gläubigen Volk und den Verantwortlichen für das Lehramt der Kirche. Einer der entscheidenden Punkte beim Aufeinander-Hören ist die Klage über „die vielen tausend Gemeinden (...), die über lange Zeit die sonntägliche Eucharistiefeier entbehren müssen" (DAp 100 e). Wir vertrauen darauf, dass die Kirche, verwurzelt in ihrer synodalen und missionarischen Dimension (vgl. Franziskus, Ansprache zur 50-Jahr-Feier der Errichtung der Bischofssynode, 17. 10. 2015), in der Lage ist, Prozesse des Zuhörens (Sehen und Hören) sowie Prozesse einer differenzierten Bewertung (Urteilen) in Gang zu setzen, um den konkreten Realitäten der Völker Amazoniens gerecht zu werden.

Kardinal Cláudio Hummes hat diesen Prozess des Zuhörens, der gemeinsam vom Volk und den Bischöfen ausgeht, in einer Stellungnahme der *Vatican News* am 11. Mai 2019 erläutert:

> Wir befinden uns in einem synodalen Prozess, und in dieser ersten Phase des Prozesses wurden alle Diözesen, die Bevölkerung, die Einheimischen, die Städte und Gemeinden im Amazonasgebiet konsultiert. Das ist auch Teil unserer Kirchengeschichte. Für uns in Brasilien wird die Synode ein grundlegender Moment sein. Ich sage immer, dass diese Synode eine historische Synode sein wird, die dem Amazonas-

gebiet neue Wege erschließen wird, und das wird sich in der ganzen Welt widerspiegeln. (...)
Ich glaube, dass die Kirche ein großes Bedürfnis hat, neue Wege zu finden, und bei meinen Besuchen in diesem Gebiet habe ich nicht nur viele Teile des brasilianischen Urwaldes aufgesucht, sondern auch andere Länder des Amazonasgebiets. Wir spürten immer ein wenig von dieser Qual der Kirche, der Hirten, der Bischöfe, der Priester, dass es keine guten Bedingungen für die Erfüllung der Mission gibt: Es ist notwendig, neue Wege zu erschließen, damit die Mission in diesem historischen Moment im Amazonas auch wirklich durchgeführt werden kann. Dieses Thema der neuen Wege wird grundlegend sein, den der Papst hat auch gesagt, dass es bei der Synode nicht um bereits Gesagtes gehen wird: Wir müssen von neuen Dingen sprechen, von neuen Perspektiven, ohne Angst vor dem Neuen zu haben. Das ist etwas, das mich glücklich macht und mir Hoffnung gibt.

2.2.4. Urteilen und unterscheiden

Nach dem „Hören/Sehen" oder „Sehen mit den Ohren" geht es Papst Franziskus um ein „Urteilen" im Sinne von „Unterscheiden". Wer spürt da nicht seine Herkunft aus dem Jesuitenorden? Antoine de Saint-Exupéry lässt im *Kleinen Prinzen* den Fuchs dem goldhaarigen Jungen das Geheimnis der Liebe erklären: „Man kann nur mit dem Herzen gut sehen. Das Wesentliche ist für die Augen unsichtbar." Aus dem gleichen Grund können wir im abendländischen Kulturraum auch ausrufen: „Man kann nur mit dem Herzen gut hören." Die jüdisch-christliche Welt sah im Herzen das Zentrum aller Gefühle und Gemütsbewegungen.

Die Indios Kayapó vom Xingu haben da eine andere, erstaunliche Auffassung. „Hören" hat für sie nicht mit dem Herzen, sondern mit der Leber zu tun. Das gesprochene, mitgeteilte Wort muss bis zur Leber vordringen. „Taub" ist der Mensch, dessen Kanal (*kre*) zur Leber (*ma*) verstopft ist. Die Kayapó müssten also sagen: „Man hört nur gut mit der Leber!" Die Leber ist notwendig für den Stoffwechsel und gleichzeitig ein wichtiges Entgiftungsorgan. Sie entsorgt, was dem Organismus schadet. Diese Denkweise der Kayapó ist nicht weit von Ignatius von Loyola entfernt, der in seinen *Geistlichen Übungen* die „Unterscheidung der Geister" empfiehlt, die Identifizierung von Gut und Böse, die Frage, was von Gott kommt und was nicht. Dann aber empfiehlt er die Entgiftung von allem, was unserem Leben mit Gott und den Mitmenschen zum Schaden gereicht.

In diesem Sinne geht es in Amazonien um die Entsorgung allen dessen, was gegen die Liebe, gegen Recht und Gerechtigkeit ist, die Würde des Menschen mit Füßen tritt, Hass und Zwietracht sät, Menschen diskriminiert und die Mitwelt skrupellos zerstört. Die Synode für Amazonien wird die Aufgabe haben, furchtlos die Giftstoffe beim Namen zu nennen, und nicht nur das! Sie wird Wege für deren Entsorgung ausfindig machen und vorschlagen müssen.

„Entsorgen" bezieht sich auch auf den durch Jahrhunderte angehäuften Ballast, an dem wir in unserer Kirche schwer tragend leiden und den so manche aus einer rechten Ecke fanatisch als „Tradition" verteidigen. Die Tradition der Kirche wird kläglich missverstanden, wenn sie mit kulturellen, zeit- und ortsbedingten Accessoires verwechselt wird. Im kirchlich-theologischen Sprachgebrauch ist Tradition die gewissenhafte, fortwährende „Überbringung" dessen, was der Herr uns gelehrt und geoffenbart hat

– „Ich habe vom Herrn empfangen, was ich euch überliefert habe" (1 Kor 11,23) –, was in den urchristlichen Gemeinden gelebt und im Laufe der Jahrhunderte unter der Führung des Heiligen Geistes immer besser erfasst und „unterschieden" wurde. Die Synode soll „neue Wege für die Kirche" in Amazonien finden und wird dabei ganz sicher mit der Frage konfrontiert werden: Was ist nun wirklich für die Identität unserer Kirche und deshalb auch für die Kirche in Amazonien unabdingbar? Und was ist überflüssiges, im Laufe der Jahrhunderte angegliedertes Zubehör, auf das verzichtet werden kann, wenn es darum geht, einheimische Kulturen und Bräuche zum besseren Verständnis eines Ritus, einer Zeremonie zu berücksichtigen.

Es bleibt zu hoffen, dass alle Synodenväter mit Herz „und Leber" an diesem historischen Event teilnehmen, um tatsächlich neue Wege für die Kirche und für eine integrale Ökologie zu finden, die nicht nur für Amazonien von Bedeutung sein werden, sondern für die Kirche *kat'holon*. Der Adveniat- und Ruhrbischof Franz-Josef Overbeck spricht sogar von einer „Zäsur" für die ganze Kirche: „Nichts wird mehr sein wie zuvor", sagte er am 2. Mai 2019 im Gespräch mit der Katholischen Nachrichtenagentur KNA. „Deus lhe ouça!", sage ich und wiederhole damit eine brasilianische spontane Redewendung, wenn ein Wunsch Wirklichkeit werden soll: „Gott erhöre Sie!"

Erfreulich war für mich in diesem Zusammenhang ein Treffen des Vorsynodalen Rates mit den Vorsitzenden aller Regionalkonferenzen im brasilianischen Amazonien, das am 14. und 15. November 2018 in Manaus stattgefunden hat. Auch der Generalsekretär der Synode, Kardinal Baldisseri, war aus Rom angereist. Diese Versammlung hat mich zuversichtlicher gestimmt, dass sich beim Thema eucharistielose Gemeinden und Zulassungsbedingungen zu den Weiheämtern doch etwas bewegen könnte. Denn plötzlich haben sich Bischöfe, die bisher kaum etwas zu diesem Thema gesagt hatten, zu Wort gemeldet. Kardinal Baldisseri brachte erwartungsgemäß Bedenken ein und verwies auf Aussagen verschiedener Päpste. Darauf antworteten aber zwei weitere Bischöfe, Dom Edson von São Gabriel da Cachoeira, Bundesstaat Amazonas, und Dom Filipe von Miracema do Norte, Bundesstaat Tocantins, und widerstanden wie Paulus dem Petrus in Antiochia Seiner Eminenz „ins Angesicht" (Gal 2,11). Dom Filipe hatte sich schriftlich vorbereitet und erklärte ohne Umschweife: „Die heutigen Zulassungsbedingungen zu den Weiheämtern müssen revidiert werden!"

2.3. *Laudato si'* – es geht um das gute Leben für Mensch und Natur

2.3.1. Die Umweltenzyklika gab uns Auftrieb

Ein erstes großes Zeichen der Hoffnung war für Amazonien die Enzyklika *Laudato si'*. Sie ist auf den 24. Mai 2015 datiert und wurde am 18. Juni 2015 in acht Sprachen veröffentlicht. Das Wunderbare ist, dass man kein Theologe sein muss, um *Laudato si'* lesen zu können. Jeder Mensch kann das Anliegen des Papstes verstehen. Daher wird diese Enzyklika ihre Wirkung nicht verfehlen. Sie ist in vielerlei Hinsicht genau das, was wir Bischöfe Amazoniens uns schon längst zum Thema Ökologie und Bewahrung der Schöpfung erhofft hatten. Dass Papst Franziskus wörtlich von Amazonien und den indigenen Völkern spricht, hat unserer Arbeit einen enormen Aufwind gegeben. Wenn jemand von uns nach Rom gekommen ist, hat der Papst immer mit Vorliebe von Amazonien gesprochen. Außerdem war der Papst schon lange mit Kardinal Cláudio Hummes befreundet, der ihm nach der Wahl zum Papst gesagt hat, er solle die Armen nicht vergessen.

In seiner Umweltenzyklika hat Papst Franziskus auf jene Natur und jene Menschen ein wachsames Auge, für die ich mich seit 50 Jahren eingesetzt habe: den Regenwald in Amazonien und die Indios, deren Lebensraum durch systematische Brandrodung und riesige Kraftwerke zerstört wird. Das erschütterndste Beispiel haben wir in den vergangenen zwei Jahrzehnten am Xingu erlebt, einem der größten Nebenflüsse des Amazonas. Der Staudamm des Megakraftwerks Belo Monte hat eine große Schleife des Xingu trockengelegt. Gleichzeitig hat der Stausee dieses drittgrößten

Wasserkraftwerks der Welt ein Drittel der Provinz- und Bischofsstadt Altamira überflutet. Nahezu 40.000 Bewohner der flussnahen Zone haben ihre Häuser verloren. Einem Großteil von ihnen wurde auch die Lebensgrundlage als Fischer entzogen. Die Ersatzquartiere für die rund 8000 betroffenen Familien sind als dicht verbaute Reihenhaussiedlungen angelegt. Für diese Fertigteilhäuser mit neun Zentimeter dünnen Betonmauern gab die Kraftwerksgesellschaft nur fünf Jahre Garantie – wohl wissend, dass die hohe Luftfeuchtigkeit den Beton im Gegensatz zu den ortsüblichen Baumaterialien Holz oder Ziegel bald angreifen wird.

Dieser Eingriff in die Natur und in die Lebensgrundlage zehntausender Menschen war umweltpolitisch, sozialpolitisch und rechtlich ein Desaster. Die brasilianischen Umweltbehörden haben dutzende Prozesse gegen dieses Kraftwerk angestrengt und die meisten auch in der ersten Instanz gewonnen. Aber der Oberste Gerichtshof in Brasília hat alle diese Verfahren niedergeschlagen. Das Kraftwerk Belo Monte, für das die österreichische Firma Andritz die Turbinen geliefert hat, ist ein schlagendes Beispiel für den Interessenskonflikt zwischen Klimaschutz und der globalen Wirtschaft.

Am 3. Juni 2007 fanden sich Vertreter der Ureinwohner am Flussufer des Xingu ein, um ihre Versammlung in Bethania, Altamira, feierlich zu beschließen. Ein Kayapó-Indianer stieg in die Karosserie eines Lastwagens und betrachtete schweigend das faszinierende Wunder des smaragdgrünen Wassers. Dann richtete er seinen Blick auf die Altamira vorgelagerte Insel Arapujá, die von einem faulen See überflutet werden sollte. Schließlich entdeckte er jenseits der Insel das Land der Assurini, die Urheimat eines anderen, einst starken und freien Volkes. Wieder blickte er auf die mysteriösen Wasser des Xingu, die die tausendjährige Lebensgeschichte seines Volkes erzählen. Auf einmal schrie er aus voller Kehle: „Was wird aus unseren Kindern?"

2.3.2. „Ein Stück von mir geht nun unter"

Ein paar Jahre später war es so weit. Mächtige Maschinen begannen die Insel zu entwalden. Ich schrieb im Namen der Bevölkerung von Altamira und der Indios den Schmerz von der Seele:

> Adeus Ilha do Arapujá
>
> Choro, não sei se é de raiva, de revolta ou de tristeza.
> Creio que é pelas três razões ao mesmo tempo.
> É um profundo pesar, uma dor compungente, dilacerante.
> Sinto-me como alguém que é açoitado sem dó e piedade.
> E é inocente.
> Depois da tortura, já coberto de hematomas,
> que adianta provar a inocência!
>
> E lá em cima, nos gabinetes confortáveis da capital federal,
> defendem a legalidade da destruição do Xingu.
> Invocam a tese do „interesse nacional".
>
> Você pode imaginar
> o que significa para mim o afogamento da Ilha do Arapujá?
> Durante cinquenta anos a contemplei com carinho,
> sempre que a mirava (Alta-*mira*)

da janela de meu quarto ou escritório na „rua da frente".

E oitenta anos atrás, já meus tios Eurico e Guilherme
se encantaram com essa beleza!

É um pedaço de mim que agora vai para o fundo.

Leb wohl, Insel des Arapujá.
Ich weine und weiß nicht einmal,
ob aus Wut, aus Empörung oder Traurigkeit.
Ich glaube, aus allen drei Motiven.

Entsetzen erfüllt mich,
ein erdrückender, quälender Schmerz.
Ich fühle mich wie jemand,
der schuldlos brutal geschlagen wird.
Es ist sinnlos, nach einer Folter,
von Hämatomen übersät,
die Unschuld zu beweisen.

Und dort oben,
in den konfortablen Büros der Bundeshauptstadt,
verteidigen sie die Gesetzmäßigkeit der Zerstörung des Xingu.
Sie rechtfertigen sich mit der These vom „nationalen Interesse".

Kannst du dir vorstellen,
was für mich der Untergang der Insel des Arapujá bedeutet?

Fünfzig Jahre lang betrachtete ich sie liebevoll,
wenn ich vom Fenster meines Zimmers oder Büros
an der Uferstraße Altamiras zu ihr hinüberblickte
(Altamira meint „Blick in die Weite").

Und vor achtzig Jahren waren es schon meine Onkel Erich
und Willi, die sich von ihrer Schönheit bezaubern ließen.

Ein Stück von mir geht nun unter.

Mein Aufschrei fand Widerhall in ganz Brasilien. Aber es war zu spät. Niemand bot den Bulldozern Einhalt. Sie mordeten, wie ihnen befohlen. Die Stimmen des Widerstandes verstummen jedoch nicht. Eine von ihnen ist João de Jesus Rosa, der von seinen Mitschülern „Prophet" genannt wurde. In den 1970er Jahren war ich sein Lehrer. Ein typischer Afrobrasilianer, Nachkomme der Negersklaven. Die grauenhafte Geschichte seiner Vorfahren steht in seinen Genen geschrieben. Ein stiller, ruhiger Mensch und dazu noch sehr gescheit. Hin und wieder überraschte er die Klasse mit einem Gedicht und bekam herzlichen Beifall. Warum nannten sie ihn einen Propheten? Weil seine Gedichte eine besondere Botschaft in sich bargen. Die Mitschüler liebten diese Botschaften, denn sie sprachen genau das aus, was ihre jungen Herzen bewegte. João de Jesus lehrt heute am Universitätscampus von Altamira und leidet wie wir alle unter dem brutalen Eingriff in das Ökosystem der Xingu-Region. Als „Prophet" kann er nicht schweigen und hört nicht auf anzuklagen.

Adeus sinfonia
De risos e festas
Felizes orquestras
Praias de alegria

Adeus, Arapujá
De encanto e beleza!
Que mata a tristeza
Te ouvir soluçar

Adeus, ó cascatas
Que tanto sorriam
Atroz é a energia
Que rindo nos mata

Adeus, águas verdes,
De verde esperança
Na turva lembrança
Morrendo de sede

Ade, Symphonien,
Feste und Fröhlichkeit,
Beschwingte Orchester,
Strände des Vergnügens.

Ade, Arapujá,
Voll Anmut und Schönheit!
Jetzt Sterben und Trauer!
Ich höre dich schluchzen.

Ade, reißende Schnellen
Unsterblichen Jubels.
Jetzt herzlose Wasserkraft,
Die grölend uns mordet.

Ade, smaragdene Wasser,
Grün voller Hoffnung!
Jetzt glanzloses Mahnmal
Schmerzlichen Dürstens.

Insgesamt sind beinahe 20 Prozent des Regenwaldes in Amazonien durch Brandrodung, landwirtschaftliche Nutzung und Wasserkraftwerke zerstört. Nach Ansicht namhafter Wissenschafter in Brasilien ist damit der Punkt erreicht, an dem das Ökosystem Regenwald kippen kann. Ein Ende ist nicht abzusehen. Immer noch sprechen Politiker und Wirtschaftsbosse von „Konquista der grünen Welt" und von Kolonisierung. Als Europäer traut man seinen Augen nicht. Mehr als 500 Jahre, nachdem mit Kolumbus die Unterwerfung Amerikas begonnen hat, gelten Konquista und Kolonisation in europäischen Geschichtsbüchern als gewaltsamer Prozess der Unterdrückung und Ausbeutung. Das Schwellenland Brasilien sieht dagegen in der Unterwerfung der „grünen Welt" ein zukunftsträchtiges Wirtschaftsprojekt. Der World Wide Fund for Nature (WWF) erhebt dagegen seit Jahren seine warnende Stimme. „Der Amazonas und seine Nebenflüsse sind eine wichtige Klimaanlage für den gesamten Planeten. Wenn der Regenwald stirbt, hat dies verheerende Auswirkungen nicht nur in Südamerika, sondern auf die Erde insgesamt." In Brasilien gehen die wirtschaftlichen Eliten dagegen mit allen Mitteln vor, wenn sich jemand ihrer „Konquista" in den Weg stellt.

Franziskus sagt in seiner Enzyklika, es sei „unumgänglich", den Ureinwohnern mit ihren kulturellen Traditionen besondere Aufmerksamkeit zu widmen. „Denn für sie ist das Land nicht ein Wirtschaftsgut, sondern eine Gabe Gottes und der Vorfahren. Wenn sie in ihren Territorien bleiben, sind es gerade sie, die am besten für sie sorgen." Der Papst nennt Amazonien – das riesige Einzugsgebiet des Amazonas und seiner Nebenflüsse in Brasilien – eine „an biologischer Vielfalt überreiche Lunge des Planeten". Wenn diese tropischen Urwälder niedergebrannt und eingeebnet würden, gingen in wenigen Jahren unzählige Arten verloren.

Wie direkt Franziskus damit den Finger am Puls der Zeit hat, bekräftigte eine Studie führender Wissenschafter der Universitäten Princeton, Stanford und Berkeley. Derzeit sei eine sechste Welle des Massenaussterbens im Gang, in der die Arten hundert Mal schneller aussterben als in früheren Phasen der Erdgeschichte. Der Einfluss des Menschen und des Klimawandels stünden dabei außer Zweifel. Als es noch keine Menschen gab, starben pro Jahrhundert von 10.000 Wirbeltierarten zwei aus. Im zurückliegenden Jahrhundert war die Rate bis zu 114 Mal höher.

2.3.3. „Sumak Kawsay" – ein Leben in Harmonie

Für unsere indigenen Völker in Brasilien ist es ganz wunderbar, dass Papst Franziskus alle Anliegen aufgegriffen hat, die ich ihm bei meiner Privataudienz in Rom unterbreiten konnte. Es zieht sich wie ein roter Faden durch diese Enzyklika, dass die Erde nicht einfach die Umwelt ist, sondern dass sie unsere Mitwelt ist. Franziskus stellt damit auch den oft missverstandenen Satz der Bibel „Macht euch die Erde untertan" in ein neues Licht. Die Bibel meint: Bebaut, hütet und pflegt die Erde. Dabei bleibt der Papst seinem Namen Franziskus treu. Er spricht wie Franz von Assisi von der wunderbaren Harmonie, die jeden Menschen mit Gott, mit den anderen, mit der Natur und mit sich selbst verbinde. So klingt auch die Art und Weise an, wie die indigenen Völker die Natur verstehen. Franziskus spricht von einer menschlichen Ökologie, in der der Mensch nicht der Herr der Umwelt ist, sondern in der er seine Mitwelt mit Staunen bewundert und mit Hingabe pflegt. Das deckt sich genau mit der Haltung der indigenen Völker. Sie haben dafür den Ausdruck „Sumak Kawsay", „das gute Leben". Dieses gute Leben ist ein Leben in Harmonie mit dem Höchsten, mit den Mitmenschen und mit der Natur. Es ist das Gegenteil einer anthropozentrischen Sicht, die nur den Menschen im Mittelpunkt sieht und einen Graben aufreißt zwischen ihm und seiner Mitwelt.

Das Vorbereitungsdokument für die Amazoniensynode sagt dazu:

31. Für die indigenen Völker Amazoniens kann dann vom „guten Leben" gesprochen werden, wenn sie in Gemeinschaft mit anderen Personen, mit der Welt, mit den Lebewesen in ihrem Umfeld und mit dem Schöpfer leben. Die indigenen Völker leben wirklich im Innern des Hauses, das Gott selbst ihnen zum Geschenk gemacht hat, im Innern der Erde. Ihre verschiedenen Spiritualitäten und Glaubensformen motivieren sie Tag und Nacht, in Gemeinschaft mit der Erde, dem Wasser, den Bäumen und Tieren zu leben. Die weisen Ältesten, die entsprechend der verschiedenen Kulturen unter anderem Pajé, Heiler, Meister, Wayanga oder Schamane genannt werden, sind verantwortlich für die Harmonie der Personen untereinander und mit dem Kosmos. Sie alle sind „lebendige Erinnerung an die Sendung, die Gott uns allen anvertraut hat: das ‚gemeinsame Haus' zu bewahren" (Papst Franziskus, *Ansprache in Puerto Maldonado*, Peru, Begegnung mit den Völkern Amazoniens, 19. 1. 2018).

Papst Franziskus hat dazu in seiner Enzyklika *Laudato si'* Nr. 246 ein beeindruckendes „Gebet für unsere Erde" formuliert:

Gott der Liebe,
zeige uns unseren Platz in dieser Welt
als Werkzeuge deiner Liebe
zu allen Wesen dieser Erde,
denn keines von ihnen wird von dir vergessen.
Erleuchte, die Macht und Reichtum besitzen,
damit sie sich hüten vor der Sünde der Gleichgültigkeit,

das Gemeinwohl lieben, die Schwachen fördern
und für diese Welt sorgen, die wir bewohnen.
Die Armen und die Erde flehen,
Herr, ergreife uns mit deiner Macht
und deinem Licht,
um alles Leben zu schützen,
um eine bessere Zukunft vorzubereiten,
damit dein Reich komme,
das Reich der Gerechtigkeit, des Friedens,
der Liebe und der Schönheit.
Gelobt seist du.
Amen.

2.4. Der Prozess der Erneuerung führt vom Rand in das Zentrum

Die Bischöfe vom brasilianischen Amazonien waren seit Anfang des Pontifikats glücklich, dass Papst Franziskus seine besondere Aufmerksamkeit den Ortskirchen in diesem riesigen Gebiet mit all seinen Problemen und Herausforderungen schenkte. Wenige Monate nach seiner Teilnahme am Weltjugendtag in Rio de Janeiro trafen wir uns vom 28. bis 31. Oktober 2013 in Manaus zu einer ersten Versammlung der katholischen Kirche von Gesamt-Amazonien. Bisher waren unsere Versammlungen nur auf drei Regionalkonferenzen des Nordens beschränkt gewesen. Jetzt waren alle Bischöfe aus dem ganzen Einzugsgebiet des Amazonas und seiner Nebenflüsse in den Bundesstaaten Mato Grosso, Tocantins und Maranhão mit dabei und dazu auch Priester, Ordensleute und Laien. Es handelte sich also zum ersten Mal nicht mehr um eine exklusive Nur-Bischofs-Versammlung.

Wenn man das Schlussdokument dieser ersten Versammlung der Katholischen Kirche Amazoniens liest, bekommt man unweigerlich den Eindruck einer „Vor-Synode". Bereits damals wurden Themen behandelt, die sich jetzt auf der Agenda der Amazoniensynode wiederfinden. Es geht u. a. um die Laien, Frauen und Männer, und ihre Mitverantwortung und um die Leitungsämter in der Kirche. Ein besonders ausführlicher Absatz galt schon damals den eucharistielosen Gemeinden. Wörtlich heißt es im Dokument:

> Großes Leid bereitet uns die Tatsache, dass Tausende unserer Gemeinden von der Eucharistie ausgeschlossen sind. Die meisten von ihnen haben nur die Gnade, ein-, zwei- oder

dreimal im Jahr das Gedächtnis des Leidens, Todes und der Auferstehung des Herrn mitzufeiern. Der Herr gab am Abend vor seinem Leiden nicht nur einen Ratschlag, sondern den ausdrücklichen Befehl: „Tut dies zu meinem Gedächtnis" (1 Kor 11,24; Lk 22,19). Das Dekret *Presbyterorum ordinis* des Zweiten Vatikanischen Konzils erklärt, dass die Eucharistie die Quelle und zugleich der Höhepunkt aller Evangelisierung sei (vgl. PO 5). „Die christliche Gemeinde wird nur aufgebaut, wenn sie Wurzel und Angelpunkt in der Feier der Eucharistie hat; von ihr muss darum alle Hinführung zum Gemeinschaftsgeist ausgehen." (PO 6) Die dogmatische Konstitution *Lumen gentium* spricht ebenso von der Eucharistie als „Quelle" und „Höhepunkt allen christlichen Lebens". (LG 11) So ist es dringend notwendig, Strukturen in unserer Gemeinde zu schaffen, damit alle Gemeinden, die von der Sonntagsmesse ausgeschlossen sind, am „Brechen des Brotes" (Apg 2,42) teilnehmen, das „Sakrament huldvollen Erbarmens, das Zeichen der Einheit, das Band der Liebe, das Ostermahl" (SC 47) feiern können.

Die zweite Versammlung der Katholischen Kirche Amazoniens fand vom 14. bis 16. November 2016 in Belém statt. Die Themen hatten sich nicht geändert. Die Enzyklika *Laudato si'* fand bereits ihren Niederschlag im Schlussdokument. Dort heißt es:

Die profitgierigen Projekte, die sich entlang der Flüsse und im tropischen Regenwald immer mehr ausbreiten, nehmen weder Rücksicht auf die Natur, die indigenen Völker und traditionellen Gemeinschaften, die immer in Harmonie und Respekt mit ihrer Mitwelt, dem gemeinsamen Haus, gelebt haben. (...) Was wir heute tatsächlich erleben, ist soziale Ausgrenzung,

Diskriminierung von indigenen Völkern und traditionellen Gemeinschaften und die Ausweitung von Armenvierteln in unseren Städten. Wir schließen uns allen an, die heute aufschreien und Anklage erheben, dass „dieses System ausschließt, zerstört und tötet" (Schrei der Ausgeschlossenen, 2016).

Weiter heißt es in dem Dokument:

> Eine intensivere Präsenz der Kirche in unseren Gemeinden, die in diesem riesigen Amazonasgebiet verstreut sind, ist längst erforderlich. So viele von ihnen sind ausgeschlossen von der Eucharistie, der Gedächtnisfeier Christi, unseres Herrn, der sein Leben für uns dahingegeben und den Sieg über das Böse und den Tod errungen hat. (…) Es ist notwendig, nach neuen Wegen zum Weihepriestertum zu suchen, und die Laienministerien zu fördern und wertzuschätzen.

Dieses Schlussdokument dieser zweiten Versammlung war jedoch nicht ihr Höhepunkt. Einige von uns waren der Überzeugung, dass sich der Inhalt unserer Dokumente von Jahr zu Jahr wiederhole. Wir sollten weitere Schritte wagen. So kam die Frage auf: Wie wäre es, Papst Franziskus zu ersuchen, eine spezielle Synode für Amazonien einzuberufen? Es gab zunächst einige Bedenken, ob wir uns mit unseren Problemen und Erwartungen nun tatsächlich direkt an den Papst richten sollten, könnten, dürften. „Also stimmen wir darüber ab!", schlug der Moderator der letzten Sitzung vor. Und siehe da: Vorschlag einstimmig angenommen, ohne Gegenstimme, ohne Stimmenthaltung.

Die Sitzungen waren nun zu Ende und nach der persönlichen Verabschiedung der einzelnen reisten alle in ihre Bistümer zurück.

Aber wer schreibt nun dem Papst? Zusammen mit Padre Antônio Luiz Catelan, einem Mitarbeiter der Bischofskonferenz in Brasília, übertrugen mir die Bischöfe die Aufgabe, den Brief an Papst Franziskus zu verfassen. Unsere Frage war sofort: „Wer wird den Brief unterschreiben und dann dem Papst überreichen?" Es ging also nicht nur um den Inhalt des Schreibens, sondern auch um die „Strategie", wie eine persönliche Übergabe an Papst Franziskus vonstatten gehen sollte und konnte. Für uns kamen Kardinal Dom Cláudio Hummes und der Präsident der Brasilianischen Bischofskonferenz, Kardinal Dom Sérgio da Rocha, Erzbischof von Brasília, in Frage. Wir erfüllten jedenfalls den Auftrag, den Brief an Papst Franziskus zu formulieren. Er erhielt den Briefkopf der „Conferência Nacional dos Bispos do Brasil – CNBB – Presidência", Datum, 3. Februar 2017, Protokollnummer P – N°. 0069/17. Der genaue Tag der Übergabe an Papst Franziskus in Rom ist mir leider nicht bekannt.

Am 15. Oktober 2017 gab Papst Franziskus zu unser aller Überraschung bekannt, dass er für Oktober 2019 eine Sonderversammlung der Bischofssynode für das Amazonasgebiet nach Rom einberufen werde. Das gab der Papst am Ende der Messe der Heiligsprechung der brasilianischen Proto-Märtyrer von Cunhaú und Uruaçu (Bundesstaat Rio Grande do Norte) auf dem Petersplatz bekannt. Hauptziel der Bischofsversammlung sei es, über „neue Wege der Evangelisierung" in diesem Erdteil zu beraten, die vor allem den dort ansässigen indigenen Völkern zugutekommen sollte. Diese Menschen würden „häufig vergessen" und „ohne gute Zukunftsperspektiven" gelassen, ebenso wie die ganzheitliche ökologische Entwicklung Amazoniens. Die Region des Amazonas-Regenwaldes befinde sich in der „Krise", fuhr der Papst wohl mit Blick auf die Zerstörung der Mitwelt und des indigenen Lebensraums fort. Das Amazonasgebiet sei eine „Lunge unseres Planeten" und habe „entscheidende Bedeutung" für die globale Zukunft, so Franziskus: „Mögen die neuen Heiligen für dieses kirchliche Ereignis bitten, damit im Respekt vor der Schönheit der Schöpfung alle Völker der Welt Gott loben, den Herrn des Universums, und – durch ihn erleuchtet – Wege der Gerechtigkeit und des Friedens beschreiten."

2.5. Neue Wege für die Kirche und für eine ganzheitliche Ökologie

Das Vorbereitungspapier für die Amazoniensynode ist biblisch, gesellschaftlich und ökologisch orientiert. In Nr. 16 ist die Analyse zusammengefasst, von der ausgegangen wird:

16. Das maßlose Wachstum der Viehzucht, der Ausbeutung der natürlichen Ressourcen und der Holzfällerei in Amazonien hat nicht nur den ökologischen Reichtum der Region geschädigt, seiner Wälder und Gewässer, sondern hat auch den sozialen und kulturellen Reichtum verarmen lassen, indem es eine städtische Entwicklung im Amazonasbecken vorantrieb, die weder „ganzheitlich" noch „inklusiv" war. Als Antwort auf diese Situation ist ein Anwachsen der Fähigkeit zur Selbstorganisation und eine Weiterentwicklung der Zivilgesellschaft zu beobachten, mit besonderer Aufmerksamkeit für die Umweltproblematiken. Auf dem Gebiet sozialer Beziehungen hat die katholische Kirche im Allgemeinen und trotz aller Grenzen eine bedeutsame Arbeit geleistet, hat ihr Ansehen gestärkt auf Grund ihrer verwurzelten Präsenz und durch ihre pastorale und soziale Kreativität.

In Nr. 35 heißt es, die besondere Situation Amazoniens und sein Geschick stellten heute jeden Menschen guten Willens vor die Frage, welche Bedeutung der Kosmos, seine lebendige Harmonie und seine Zukunft haben sollen. Die Bischöfe Lateinamerikas und der Karibik erkennen an, dass „die Natur ein unverdientes Erbe" darstellt, und setzen sich „als Propheten des Lebens" dafür ein, das gemeinsame Haus der Schöpfung zu schützen (vgl. DAp 471). Laut Nr. 38 des Vorbereitungsdokuments fordert die Schöpfung uns auf, die Schönheit und Harmonie der Geschöpfe und des Schöpfers zu preisen (vgl. LS 12). Schon der Katechismus der Katholischen Kirche betone in Kanon 339: „Jedes Geschöpf besitzt seine eigene Güte und Vollkommenheit" und alle „widerspiegeln in ihrem gottgewollten Eigensein, jedes auf seine Art, einen Strahl der unendlichen Weisheit und Güte Gottes". Jedes Geschöpf, das durch das Tun des Menschen ausgerottet werde, könne das Lob des Schöpfers nicht mehr mitsingen (vgl. LS 33).

Evangelisieren bedeute zugleich, sich für unsere Brüder und Schwestern zu engagieren, das Gemeinschaftsleben besser zu gestalten und so „das Reich Gottes in der Welt gegenwärtig zu machen" (EG 176), heißt es in Nr. 43. Das sei keine „Nächstenliebe à la carte", die nur darauf ausgerichtet wäre, das eigene Gewissen zu beruhigen (EG 180), sondern es werde eine ganzheitliche Entwicklung für jeden Menschen und den ganzen Menschen vorangebracht (vgl. PP 14). Denn der Vater wolle, dass alle Menschen gerettet werden und sein Heilsplan bestehe darin, „alles, was im Himmel und auf Erden ist, unter einem einzigen Herrn, nämlich Christus, zu vereinen" (vgl. Eph 1,10). Die ganze Schöpfung, das heißt auch alle Aspekte der menschlichen Natur (EG 181) und all ihre Beziehungen, sei davon betroffen.

Nr. 47 des Vorbereitungsdokuments geht auf die existenzielle Not Amazoniens und seiner Menschen ein:

47. Heutzutage ist der Hilfeschrei Amazoniens an den Schöpfer ebenso stürmisch wie der Hilfeschrei des Gottesvolkes in Ägypten (vgl. Ex 3,7). Wegen der Versklavung und Verlassen-

heit ist dies ein Schrei, der Gott um Zuwendung und Befreiung bittet. Dieser Schrei ersehnt Gottes Nähe, insbesondere dann, wenn die Völker Amazoniens beim Kampf um ihren Grund und Boden von Behörden und öffentlicher Meinung kriminalisiert werden; oder wenn sie zusehen müssen, wie der Tropenwald, der seit Urzeiten ihr Lebensraum ist, zerstört wird; oder wenn die Wasser ihrer Flüsse zu Gewässern des Todes anstatt des Lebens geworden sind.

Folglich sei, so sagt Nr. 48, das „Unterscheidungsprinzip" der Evangelisierung an einen ganzheitlichen Prozess menschlicher Entwicklung gebunden. Für einen solchen Prozess sei – wie *Laudato si'* in Nr. 137 bis 142 betone – das Paradigma eines Beziehungsnetzes charakteristisch, das man als ganzheitliche Ökologie bezeichne. Die entscheidenden Nr. 49 bis 52 des Vorbereitungsdokuments lauten:

49. Die erste Stufe des Netzwerkes für einen echten Fortschritt besteht in der wesentlichen Verbindung zwischen Gesellschaft und Umwelt. Wir Menschen sind Teil der Ökosysteme, die ein Netzwerk von Beziehungen bereitstellen, um Leben auf unserem Planeten zu ermöglichen. Daher ist im Hinblick auf den gesellschaftlichen Fortschritt und die ökologische Fürsorge der Schutz dieser Systeme, in denen alles mit allem verbunden ist, entscheidend für die Würde jedes Einzelnen und für das Gemeinwohl aller.

50. Für Amazonien ist der Begriff ganzheitliche Ökologie ein Schlüssel, um sich der Herausforderung zu stellen, den immensen Reichtum seiner natürlichen und kulturellen Biodi-

versität zu schützen. Aus der Umweltperspektive betrachtet, ist Amazonien eine Lunge des Planeten und eine Region mit der größten Artenvielfalt der Welt (vgl. LS 38), darüber hinaus aber auch „Quelle des Lebens im Herzen der Kirche" (REPAM). Das Amazonasbecken verfügt in der Tat über den letzten großen Tropenwald, der trotz aller bisherigen und immer noch stattfindenden gewalttätigen Eingriffe die größte bewaldete Fläche in den Tropen unserer Erde darstellt. Das Amazonasgebiet – über alle Landesgrenzen hinaus – als ein Becken anzuerkennen, erleichtert den ganzheitlichen Blick auf die Region, der wesentlich ist, um seine ganzheitliche Entwicklung und Ökologie voranzubringen.

51. Aus kultureller Perspektive betrachtet ist Amazonien (…) besonders reich durch die uralten und zeitgenössischen Kosmovisionen der dort lebenden Völker. Dieses kulturelle Erbe, das wesentlich als „Teil der gemeinsamen Identität" der Region verstanden werden muss, ist ebenso bedroht wie das Erbe der Natur (vgl. LS 143). Die Bedrohungen entstammen hauptsächlich einer „konsumistische(n) Sicht des Menschen, die durch das Räderwerk der aktuellen globalisierten Wirtschaft angetrieben wird, (und dazu neigt,) die Kulturen gleichförmig zu machen und die große kulturelle Vielfalt, die einen Schatz für die Menschheit darstellt, zu schwächen" (LS 144).

52. Daher kann der Evangelisierungsprozess in Amazonien weder aus der aktiven Sorge um den Schutz des Territoriums (Natur) noch der Völker (Kulturen) herausgehalten werden. Daher muss dieser Prozess Brücken bauen zwischen der Weisheit der Urahnen und zeitgenössischen Standards (vgl. LS 143–146).

Insbesondere geht es um jenes Wissen, das sich auf die nachhaltige Behandlung des Territoriums und auf eine Entwicklung in Übereinstimmung mit dem Wertesystem und den Kulturen der hier lebenden Bevölkerung bezieht. Diese müssen als seine genuinen Beschützer, ja als Eigentümer anerkannt werden.

Im Regenwald von Amazonien, der von lebenswichtiger Bedeutung für den Planeten Erde ist, entwickelte sich eine tiefgehende Krise infolge eines sehr langen Eingriffs des Menschen, bei dem die „Wegwerfkultur" (LS 16) und die Mentalität der Ausbeutung der natürlichen Ressourcen vorherrschend war und immer noch ist. Amazonien, eine Region mit einer unendlich reichen, bis heute nicht komplett erforschten Biodiversität, ist multiethnisch, plurikulturell und plurireligiös. Es ist ein Spiegel der ganzen Menschheit, der in der Verteidigung des Lebens strukturelle und persönliche Veränderungen von allen fordert, von den Staaten und von der Kirche.

Auch für die Weltkirche ist es unabdingbar, auf die indigenen Völker und auf alle Gemeinschaften Amazoniens zu hören als die ersten Gesprächspartner dieser Synode. Deshalb brauchen wir ein engeres Zusammenleben mit ihnen. Wir wollen wissen, wie sie sich eine „friedliche Zukunft" oder das „gute Leben" für die zukünftigen Generationen vorstellen. Wie können wir mitarbeiten am Aufbau einer Welt, die in der Lage ist, mit den Strukturen, die Leben opfern, und mit den Mentalitäten der Kolonisierung zu brechen, um Netzwerke der Solidarität und Interkulturalität zu schaffen? Vor allem wollen wir wissen: Was ist die besondere Aufgabe der Kirche, heute, in dieser Situation?

Vor diesem Hintergrund erschließt sich der Titel, den Papst Franziskus der Amazoniensynode gegeben hat: „Neue Wege für die Kirche und eine ganzheitliche Ökologie". Diese „neuen Wege" der Evangelisierung sollen für und mit dem Volk Gottes erarbeitet werden, das in dieser Region lebt: Bewohner der Gemeinden und des Landesinneren, der Städte und der großen Metropolen, Flussanrainer, Zuwanderer und Vertriebene und in besonderem Maße für und mit den indigenen Völkern.

Ein wichtiges Thema ist in diesem Zusammenhang die Inkulturation, wobei wir in Amazonien heute lieber von Interkulturalität sprechen, weil dem Begriff Inkulturation ein Beigeschmack der Überlegenheit einer Kultur über die andere anhaftet, während Interkulturalität einen gegenseitig bereichernden Austausch zwischen Kulturen meint.

Es ist eine der zentralen pastoralen Fragen in Amazonien, inwieweit indigene Traditionen in die katholische Liturgie einfließen können. Mit den Symbolen Wasser, Feuer und Öl haben wir kein Problem. So heißt es in Nr. 57 des Vorbereitungsdokuments der Synode: „Insofern das Wasser der Taufe die Getauften von allen Sünden reinigt, ermöglicht es die Feier der Taufe der christlichen Gemeinde, die Bedeutung des Wassers und der Flüsse als Quelle der Reinigung anzuerkennen, sodass dadurch auch die Inkulturation der Riten, welche die althergebrachte Weisheit der Völker Amazoniens mit dem Wasser verbindet, erleichtert wird."

Aber was ist mit den eucharistischen Gestalten? Wir haben keinen Weizen in Amazonien und keinen Wein. Jesus hat als eucharistische Gestalten genommen, was damals in seinem Land vorhanden war, ja als Inbegriff von Speise und Trank galt: Brot und Wein. Wir importieren den Wein aus 4000 Kilometer Distanz und den Weizen auch. Beides könnte doch auch in Amazonien angebaut werden, sagt man, aber bisher sah ich noch keine Weingärten und Weizenfelder in dieser Region. Darüber nachzudenken wird ein längerfristiger Prozess sein. Daher ist es auch wichtig, dass die Synode nicht Ende Oktober 2019 aufhört und mit dem nachsynodalen Apostolischen Schreiben des Papsts beendet ist. Ihre Anliegen müssen auch danach durch Beratungen in den Gemeinden und Diözesen vertieft werden.

Es geht insgesamt um die Art und Weise, wie Gottesdienst gefeiert wird. Wir singen laut „Deus eterno, a Vós louvor" (Großer Gott, wir loben dich), aber den indigenen Völkern sagt das wenig. Ihre Ausdrucksformen sind andere, zum Beispiel der Toré bei vielen dieser Völker, ein ritueller, gleichzeitig religiöser, militanter, ja sogar unterhaltsamer Tanz. Welchen Platz können solche Tänze der indigenen Völker in der Liturgie bekommen? Es gibt Patres und Bischöfe, die solche Riten und Bräuche, die direkt aus dem Volk kommen, schon jetzt zulassen. Wir brauchen dazu aber ein gemeinsames Weiterdenken.

Ein weiteres Thema sind die ganz eigenen Riten der afro-brasilianischen Völker mit den Tänzen, die aus Afrika stammen. Wir müssen uns damit auseinandersetzen, welche Bedeutung diese Riten in ihrem traditionellen Verständnis haben, und überlegen, wie das mit der christlichen Botschaft in Einklang gesehen werden kann. Aber grundsätzlich wird man ohne weiteres sagen können: „Leute, wenn ihr bei der Wandlung tanzen wollt, dann tanzt." Nur so fühlen sich die Menschen eingebunden in die Feier. Einfach nur mit gefalteten Händen fromm die Messe mitfeiern, das ist nicht ihr Stil - übrigens auch nicht der Stil der genuin brasilianischen Bevölkerung.

Es gibt bereits eine Bibelübersetzung auf Kayapó. Aber das heißt noch nicht, dass das Volk der Kayapó sich in die Kirche eingebunden fühlt, dass es ihre Kirche ist. Das Vorbereitungsdokument für die Amazoniensynode sagt dazu in Nr. 61:

Die Kirche ist aufgerufen, ihre Identität in Übereinstimmung mit den Realitäten ihres eigenen Territoriums zu vertiefen und in ihrer Spiritualität zu wachsen, indem sie auf die Weisheit ihrer Völker hört. Die Sonderversammlung der Bischofssynode für die Amazonasregion ist aufgerufen, neue Wege zu finden, um das amazonische Antlitz der Kirche weiterzuentwickeln.

Im Anschluss an das Dokument der Bischofsversammlung von Aparecida (DAp) wird diese Kirche mit dem „amazonischen Antlitz" beschrieben als ein alternatives Modell für ganzheitlich solidarische Entwicklung:

Es muss auf einer Ethik gegründet sein, die um die Verantwortung für eine authentische Natur- und Humanökologie weiß. Es muss auf dem Evangelium von Gerechtigkeit, Solidarität und der universellen Bestimmung der Güter gegründet sein. Es muss die utilitaristische und individualistische Logik beenden, die es unterlässt, die ökonomischen und technologischen Mächte nach ethischen Kriterien zu beurteilen. (DAp 474c)

3.
WEIHEÄMTER – DIE ZEIT IST REIF FÜR EINE ÖFFNUNG

3.1. Dienstämter für unsere Gemeindeleiter und -leiterinnen

3.1.1. Die Kirche Amazoniens will mutige Vorschläge machen

Schon bei der Bischofssynode für Amerika, die vom 16. November bis zum 12. Dezember 1997 in Rom stattfand, wollten vier brasilianische Bischöfe das Thema der Eucharistie und des Zugangs zum Weiheamt auf die Tagesordnung bringen. Ich war einer von ihnen. Ein Kardinal hat uns damals darauf aufmerksam gemacht, dass der Papst das nicht wolle. Dieses Thema zu behandeln sei tabu. Johannes Paul II. würde sehr darunter leiden, wenn wir auf unserer Meinung bestünden. Wir sagten damals zueinander: „Und das Volk Gottes? Leidet es nicht viel mehr darunter, dass ihm die Eucharistie vorenthalten wird?"

Jetzt ist die Zeit reif dafür. Das bringt das Vorbereitungsdokument für die Amazoniensynode in den bereits kurz angesprochenen Nr. 79 bis 81 ganz klar zum Ausdruck:

79. Diese neuen Wege für die Pastoral in Amazonien verlangen „in Treue mutig wieder ihre Mission aufzugreifen" (DAp 11) auf diesem Territorium und „den Prozess der Inkulturation zu vertiefen" (EG 126). Die neuen Wege erfordern, dass die Kirche Amazoniens „mutige" Vorschläge macht, die „kühn" und „furchtlos" sind, wie uns Papst Franziskus bittet. Das prophetische Profil der Kirche zeigt sich heute durch ihr Profil der Dienstämter und durch ihre Partizipation, welche die indigenen Völker und die Gemeinden Amazoniens zu „wesent-

lichen Ansprechpartnern" (LS 146) in allen pastoralen und sozio-ökologischen Angelegenheiten des Territoriums machen.

80. Um die prekäre Präsenz zu ändern und sie in eine realere und inkarnierte Präsenz zu verwandeln, ist es notwendig, eine Hierarchie der Dringlichkeiten Amazoniens festzulegen. Das *Dokument von Aparecida* erwähnt die Notwendigkeit einer „eucharistischen Kohärenz" (DAp 436) für die Amazonasregion. Das heißt, es soll nicht nur die Möglichkeit geben, dass alle Getauften an der Sonntagsmesse teilnehmen können, sondern auch, dass neue Himmel und eine neue Erde als Vorgriff auf das Reich Gottes in Amazonien wachsen können.

81. In diesem Sinn erinnert uns das Zweite Vatikanische Konzil daran, dass das ganze Volk Gottes am Priestertum Christi teilhat, wobei es das gemeinsame Priestertum und das Weihepriestertum zu unterscheiden gilt (vgl. LG 10). Von daher müssen dringend die für heute notwendigen Dienstämter evaluiert und neu durchdacht werden, damit sie den Aufgaben „einer Kirche mit dem Gesicht Amazoniens und einer Kirche mit indigenem Antlitz" (Papst Franziskus, *Ansprache in Puerto Maldonado*, Peru, Begegnung mit den Völkern Amazoniens, am 19. Jänner 2018) entsprechen. Eine Priorität ist es, die Inhalte, Methoden und Handlungs- und Denkweisen zu definieren, um eine inkulturierte Pastoral zu entwickeln, die in der Lage ist, auf die großen Herausforderungen auf diesem Territorium zu antworten. Eine andere Priorität ist es, neue Ämter und Dienste für die verschiedenen Verantwortlichen der Pastoral vorzuschlagen, die für die Aufgaben und Verantwortlichkeiten in den Gemeinden zuständig sind. In diesem Zusammen-

hang ist es notwendig, Klarheit zu schaffen über die Art offizieller Dienstämter, die den Frauen übertragen werden können, wobei die zentrale Rolle, welche die Frauen in der Kirche Amazoniens ausüben, in Betracht zu ziehen ist. Ebenso ist es notwendig, dem indigenen und aus der Region stammenden Klerus unter Berücksichtigung seiner eigenen kulturellen Identität und Werte Rückendeckung zu geben. Schließlich ist es notwendig, über neue Wege nachzudenken, wie das Volk Gottes häufiger an der Eucharistie, dem Zentrum des christlichen Lebens (vgl. DAp 251), teilnehmen kann.

Es geht also um die Feier der Eucharistie, das Zentrum unseres Glaubens! In Amazonien gibt es tausende Gemeinden, die nur ein, zwei, drei, maximal vier Mal im Jahr die Möglichkeit haben, an einer Eucharistiefeier teilzunehmen, weil die längste Zeit des Jahres kein Priester verfügbar ist. Es müssen daher neue Wege gefunden werden, um diesen Gemeinden die Feier der sonntäglichen Eucharistie zu ermöglichen. Das macht es erforderlich, die Zulassungsbedingungen zum Priesteramt zu überdenken. Für mich geht es dabei ausdrücklich nicht um eine Debatte für oder gegen den Zölibat, sondern um die Erfüllung des Auftrages Jesu: „Tut dies zu meinem Gedächtnis!" (Lk 22,19; 1 Kor 11,25). Sich für ein eheloses Leben zu entscheiden, um ganz für Gott und sein Volk da sein zu können, ist eine besondere Gnade und soll in der katholischen Kirche niemals „abgeschafft" werden. Aber die Eucharistiefeier darf nicht davon abhängen, ob zufällig ein zölibatär lebender Priester vorhanden ist. Die Leute haben ein Recht, dass sie sich um den Altar versammeln können. Wenn sie das nur deshalb nicht können, weil kein zölibatärer Mann da ist, der die Weihe erhalten hat, dann stimmt etwas nicht.

Jesus hat uns nicht den guten Rat erteilt, zu seinem Gedächtnis das Abendmahl zu feiern, wenn wir wollen. Nein, er hat den eindeutigen Auftrag dazu erteilt: „Tut dies!" Das steht ganz klar im Lukasevangelium und im Ersten Korintherbrief (Lk 22,19; 1 Kor 11,23–24). Da können wir nicht darüber hinwegsehen. Wenn Frauen und Männer da sind, die jeden Sonntag im Wortgottesdienst den Vorsitz in ihrer Gemeinde führen und jeden Sonntag das Wort Gottes vortragen und erklären, wieso können wir solchen Personen nicht die Weihe spenden, damit sie sonntags, wie Jesus am Abend vor seinem Leiden, Brot und Wein darbringen und die Wandlungsworte über die Gaben sprechen: „Das ist mein Leib, für euch hingegeben" – „Das ist der Kelch des Neuen Bundes, mein Blut, für euch und für alle vergossen"?

Es ist das Recht eines jeden Mannes und einer jeden Frau, ihren Stand frei zu wählen. Es gibt Priester, die sich frei für den Zölibat entschieden haben, aber ich kenne auch Männer, die mir gesagt haben: „Ich weiß, dass es meine Berufung ist, Priester zu sein, aber ich will nicht ohne Familie leben." Einige ausgezeichnete Priester, die ich geweiht habe, sind weggegangen, weil sie den Zölibat nicht auf Dauer leben wollten, darunter ein Mitbruder, der mit mir studiert hat und mit dem ich zehn Jahre am Xingu gearbeitet habe. Viele dieser „ehemaligen" Priester würden gerne wieder im Dienst einer Gemeinde leben. „Ehemalig" bedeutet in diesem Zusammenhang, dass sie das Amt, für das sie geweiht worden sind, nicht mehr ausüben dürfen. Sie bleiben dennoch Priester, und zwar auf ewig – *usque in aeternum*.

3.1.2. Zölibat und Eucharistie sind zwei unterschiedliche Themen

Hoffnungsfroh stimmt, dass Papst Franziskus selbst in einem Aufsehen erregenden Interview in der deutschen Wochenzeitung *Die Zeit* vom 6. April 2017 eine zwar verhaltene, aber doch anschlussfähige Offenheit gegenüber *viri probati* erkennen ließ. Das auf Italienisch geführte Gespräch wurde vom Papst selbst autorisiert, er selbst verglich die deutsche Übersetzung, die ein Mitarbeiter erstellt hatte, mit der Originalversion. In diesem Interview machte er deutlich, dass der „freiwillige Zölibat" keine Lösung sei, um mehr junge Männer zum Priesterberuf zu gewinnen. Es folgte dann aber die Frage: „Was ist mit den *viri probati*, jenen *bewährten Männern*, die zwar verheiratet sind, aber aufgrund ihres nach katholischen Maßstäben vorbildlich geführten Lebens zu Diakonen geweiht werden können?" Darauf antwortete Franziskus: „Wir müssen darüber nachdenken, ob *viri probati* eine Möglichkeit sind. Dann müssen wir auch bestimmen, welche Aufgaben sie übernehmen können, zum Beispiel in weit entlegenen Gemeinden." Auf die weitere Frage, warum derzeit für die katholische Kirche nicht der richtige Moment sei, den Zölibat freizustellen, sagte Franziskus: „Es geht der Kirche stets darum, den richtigen Augenblick zu erkennen, zu erkennen, wann der Heilige Geist nach etwas verlangt. Deshalb sagte ich, über die *viri probati* wird weiter nachgedacht."

Jüngst hat Franziskus diese differenzierte Haltung, die die Frage des Zölibats von der Frage der Eucharistie in Gemeinden ohne Priester trennt, am 28. Jänner 2019 beim Rückflug vom Weltjugendtag in Panama unterstrichen. Auch bei dieser Gelegenheit hat sich der Papst klar für den Pflichtzölibat ausgesprochen: „Persönlich glaube ich, dass der Zölibat ein Geschenk an die Kirche ist. Zweitens, ich stimme der Erlaubnis eines optionalen Zölibats nicht zu. Nein!" Gleichzeitig ließ Franziskus aber erkennen, dass er um die seelsorgliche Not wisse: „Es könnte durchaus eine Möglichkeit in diesen weit, weit entfernten Gebieten geben – ich denke an die Inseln im Pazifik. Da muss man sich etwas einfallen lassen, wenn es dort eine pastorale Not gibt. Der Hirte muss sich dort für die Herde Gedanken machen."

Es wird also nicht zuletzt an der Überzeugungskraft und der gemeinsamen Entschlossenheit von uns Amazonien-Bischöfen liegen, dem Papst bei der Synode aufzuzeigen, wie wir die „Zeichen der Zeit" sehen und warum unserer Erfahrung und Einsicht nach die Zeit reif sei, wenigstens für *viri probati*. Papst Franziskus will diese Frage nicht im Alleingang entscheiden, sondern erwartet sich gerade in diesem Zusammenhang „mutige" Vorschläge. Ich bin überzeugt, dass dieses Anliegen bei der Amazoniensynode in Rom mehrheitlich von den Bischöfen vertreten wird. Zumindest für die Zulassung von *viri probati* sprechen sich mittlerweile die meisten Bischöfe Amazoniens aus.

Ich würde allerdings lieber sagen *personae probatae*, weil für mich auch die Frauen dazugehören, die zwei Drittel unserer Gemeinden in Amazonien leiten. Ich habe daher bei einer Vorbesprechung der Synode in Rom in Anwesenheit des Papstes darauf hingewiesen, dass die Weihe von Diakoninnen in das Schlussdokument hineinkommen müsse.

Daraufhin meinte der Generalsekretär der Bischofssynode, Kardinal Lorenzo Baldisseri, es sei besser, die „Leute" in Amazonien erst die von uns gestellten Fragen beantworten zu lassen, statt ihnen vorzugreifen. Ich war einverstanden, weil ich wusste, dass dieses Thema ganz sicher in den Gemeinden behandelt und ein entsprechender Vorschlag eingebracht werden würde. Vertreter der Indigenen im Rang sogenannter *Uditores* (Hörer) werden den Debatten bei der Synode folgen und sich an den *Circuli minores* (Kleingruppen) beteiligen. Ich bin überzeugt, dass damit ein guter Weg beschritten ist. Wenn unsere Leute selbst darlegen, dass zwei Drittel unserer Gemeinden von Frauen geleitet werden und dass man diesen Frauen nicht die Diakoninnenweihe vorenthalten könne, dann hat das mehr Gewicht, als wenn irgendein Bischof aus der Peripherie das fordert.

Realistisch gesehen werden wir beim Priesteramt der Frau nicht wesentlich weiterkommen. Da tut mir Papst Franziskus leid, weil Papst Johannes Paul II. ganz unmissverständlich gesagt hat, die Kirche habe keine Vollmacht, Frauen zu Priesterinnen zu weihen. Wörtlich heißt es in seinem Apostolischen Schreiben *Ordinatio sacerdotalis* vom 22. Mai 1994: „Damit also jeder Zweifel bezüglich der bedeutenden Angelegenheit, die die göttliche Verfassung der Kirche selbst betrifft, beseitigt wird, erkläre ich kraft meines Amtes, die Brüder zu stärken (vgl. Lk 22,32), dass die Kirche keinerlei Vollmacht hat, Frauen die Priesterweihe zu spenden, und dass sich alle Gläubigen der Kirche endgültig an diese Entscheidung zu halten haben."

Trotz des außergewöhnlichen Nachdrucks ist diese Aussage kein Dogma. Sie ist aber ein sehr massives Wort eines Papstes, der diese Frage damit nach seinen eigenen Worten „endgültig" klären wollte. Johannes Paul II. hat das entschieden in der Absicht und mit dem Ziel formuliert, dass die ganze Nachwelt daran gebunden sei. Unter diesem Verdikt steht Papst Franziskus, was die Priesterweihe für Frauen betrifft. Man darf aber nicht übersehen, dass Johannes Paul II. nichts dergleichen über eine Diakoninnenweihe gesagt hat.

3.1.3. Die Begegnungen des Papstes mit den Ordensoberinnen

In die Zukunft weist, dass unser Papst aus Lateinamerika in den vergangenen Jahren eine gewisse Offenheit für Diakoninnen in der römisch-katholischen Kirche gezeigt hat. Franziskus hat im August 2016 eine Studienkommission zum Diakonat der Frau eingerichtet. Sie sollte die Aufgabenfelder von Diakoninnen in der frühen Kirche untersuchen. Die Einrichtung ging auf einen Vorschlag der Internationalen Vereinigung von Generaloberinnen zurück, einem weltweiten Zusammenschluss der Oberinnen katholischer Frauengemeinschaften. Am 12. Mai 2016 hatte Papst Franziskus rund 870 dieser leitenden Ordensfrauen in der vatikanischen Audienzhalle empfangen. Diese brachten die Diakoninnenweihe zur Sprache. Daraufhin kündigte der Papst die Einrichtung einer Kommission an, die vorrangig einen historischen Forschungsauftrag bekam. „Vor allem mit Blick auf die frühesten Zeiten der Kirche" sollte geklärt werden, welche Aufgaben Diakoninnen erfüllt haben.

Das war ein erster konkreter Schritt, auch wenn Franziskus selbst zu hohe Erwartungen deutlich gebremst hat. Er stellte klar, dass er keineswegs die Debatte um eine Zulassung von Frauen zum Weiheamt befeuern wollte. Er habe sich daher „ein bisschen über die Medien geärgert", die seine Äußerung bei der Konferenz von Ordensoberen auf die Weihe hin zugespitzt hätten, sagte er Ende Juni 2016 im Gespräch mit Journalisten. Bemerkenswert für den Stil von Papst Franziskus war aber schon die Art und Weise, wie die Kommission zusammengesetzt wurde. Sie bestand aus zwölf Mitgliedern und war paritätisch mit Männern und Frauen besetzt. Der Papst hatte sich dafür zwei Listen vorlegen lassen: ei-

ne von den Oberinnen der Frauenorden und eine vom damaligen Präfekten der Glaubenskongregation, Kardinal Gerhard Ludwig Müller. Daraus habe er eine Kommission „aus möglichst offenen, kompetenten Leuten von beiden Listen zusammengestellt", sagte Franziskus. Vier der berufenen Experten waren bereits Mitglieder der Internationalen Theologenkommission des Vatikan. Dieses Gremium hatte sich seit den 1970er Jahren mehrfach mit dem Thema befasst, zuletzt 2001 so ausgewogen, dass das 70-seitige Abschlusspapier eine Weihe von Frauen weder befürwortete noch ausschloss.
Der Vatikan hat im Wortlaut veröffentlicht, was der Papst den versammelten Ordensoberinnen am 12. Mai 2016 gesagt hat. Es ist ein Dokument dafür, wie sich Franziskus einer Erneuerung der Kirche annähert. Auf die Frage nach Diakoninnen sagte er:

> Ich erinnere mich, dass das ein Thema war, das mich ziemlich interessiert hat, als ich nach Rom gekommen bin für die Versammlungen und in der Domus Paolo VI. wohnte. Dort gab es einen guten syrischen Theologen, der die historisch-kritische Ausgabe und die Übersetzung der Kirchenhymnen von Ephräm dem Syrer gemacht hat. Eines Tages habe ich ihn dazu befragt und er hat mir erklärt, dass es in der Frühzeit der Kirche einige „Diakonissen" gab. Doch was sind diese „Diakonissen"? Waren sie geweiht oder nicht? Das Konzil von Chalcedon (451) spricht darüber, aber es ist etwas unklar.
> Welche Rolle hatten die Diakonissen in dieser Zeit? Es scheint — das sagte mir dieser Mann, der bereits verstorben ist — ein sehr guter Lehrer, weise, belesen —, dass die Rolle dieser Diakonissen darin bestand, bei der Taufe von Frauen zu helfen, beim Eintauchen. Sie tauften sie aus Anstandsgründen und

übernahmen auch die Salbung auf dem Körper der Frauen bei der Taufe. Und noch eine merkwürdige Sache: Wenn es ein Ehe-Urteil gab, weil der Mann die Frau schlug und diese zum Bischof ging und sich beschwerte, waren die Diakonissen beauftragt, die blauen Flecken, die auf den Körpern der Frauen durch die Schläge des Mannes hinterlassen worden waren, zu sehen und den Bischof zu informieren. Daran erinnere ich mich.

Es gibt einige Veröffentlichungen über das Diakonat in der Kirche, aber es ist nicht klar, wie es aussah. Ich denke, wir werden doch die Glaubenskongregation bitten, uns über die Studien zu berichten, die es zu diesem Thema gibt, denn ich habe euch nur auf der Grundlage dessen geantwortet, was ich von diesem Priester gehört hatte, der ein gebildeter und tüchtiger Forscher im Bereich des Ständigen Diakonats war. Zusätzlich möchte ich eine offizielle Kommission einrichten, die diese Frage durchdenkt: Ich denke, es wird der Kirche guttun, diesen Punkt zu klären. Ich bin einverstanden und werde darüber reden, damit etwas in dieser Art geschieht.

Weiter sagt ihr: „Wir sind mit Ihnen einverstanden, Heiliger Vater, der Sie mehrmals die Notwendigkeit einer einschneidenderen Rolle der Frauen in Entscheidungspositionen der Kirche betont haben." Das ist klar. „Können Sie uns ein Beispiel geben, wo Sie die Möglichkeit für eine bessere Einbeziehung von Frauen und Ordensfrauen im Leben der Kirche sehen?" Ich werde eine Sache sagen, die danach kommt, denn ich habe gesehen, dass das eine generelle Frage ist. Die Ordensfrauen müssen in die Beratungen der vatikanischen Ordenskongregation, zu den Versammlungen gehen. Das ist sicher. Zu den Beratungen über die vielen Probleme, die dort präsentiert werden, da müssen die Ordensfrauen hin. Eine andere Sache: Eine bessere Einbeziehung. Jetzt im Moment fällt mir da nichts Konkretes ein, aber es gilt immer das, was ich früher gesagt habe: Das Urteil der Ordensfrauen suchen, denn die Frau sieht die Dinge gemäß ihrer Eigenart, die sich von der der Männer unterscheidet, und das bereichert: sowohl bei Beratungen als auch bei Entscheidungen als auch im Konkreten.

Die eingesetzte Kommission hat ihre Arbeit im Juni 2018 abgeschlossen. Franziskus selbst hat zweimal an den Treffen der Theologen teilgenommen und zum Abschluss der Beratungen jedem Mitglied persönlich für die Mitarbeit gedankt. Die Gruppe hat einmütig einen Text verabschiedet, ob und wie der Papst das Dokument weiterverwenden wird, ist aber völlig offen. In einem Bericht des spanischen Magazins *Vida Nueva* heißt es, die Kommission habe nicht darüber urteilen wollen, „ob die Öffnung des Diakonats für Frauen heute positiv oder negativ" wäre. Man habe vielmehr „die Realität in den ersten Jahrhunderten der Kirche" studieren wollen.

Der Abschlussbericht umfasst nach Angaben des Magazins nur wenige Seiten und beleuchtet die Stellung der frühkirchlichen Diakoninnen aus historischer, anthropologischer und theologischer Sicht. Ein Mitglied der Kommission bezeichnete die Quellenlage als problematisch. Es gebe nur wenige historische Zeugnisse, und diese lieferten „nicht die Informationen, die wir gerne gehabt hätten". Diakoninnen habe es vor allem in der Ostkirche gegeben und ab Beginn des 7. Jahrhunderts „verlieren sich ihre Spuren". Zwei US-amerikanische Mitglieder der Kommission, die Theologin Phyllis Zagano – sie tritt seit langem für Diakoninnen ein – und der Jesuit Bernard Pottier, hielten an der Fordham University in den USA Vorträge. Dort sagten sie, es gebe zahlreiche Beweise dafür, dass Frauen in der Kirche eine lange Geschichte hätten, womit die Ausübung von Aufgaben und Ämtern gemeint sei. „Die Geschichte allein" reiche aber nicht aus, um in der Sache Entscheidungen zu treffen.

Bei einer neuerlichen Begegnung mit 850 Ordensoberinnen aus aller Welt hat Papst Franziskus selbst am 10. Mai 2019 eine eher ernüchternde Bilanz gezogen. Das Ergebnis der Kommission sei „kein großer Wurf" gewesen. Gleichzeitig meinte der Papst allerdings, „mit der Zeit verstehen wir unseren Glauben besser". Nach dem Zweiten Vatikanischen Konzil sei das Glaubenswissen ein anderes als vorher, jedoch nicht aufgrund von Veränderung, sondern durch Entwicklung. „Mit dem Denzinger (das ist das offizielle katholische Kompendium der kirchlichen Lehraussagen, Anm.) kommen wir im konkreten Leben nirgendwohin." Der Dialog mit der Welt, in der wir leben, verlange in neuen Situationen auch neue Antworten. Diese müssten allerdings „im Einklang mit der Offenbarung stehen". Franziskus beteuerte, dass es ihm wie den unruhigen Frauen um Antworten auf die pastoralen Bedürfnisse der Zeit gehe, um das *discernimento*, das unterscheidende Hören, jedoch immer auf dem Weg der Offenbarung. So gehe es auch bei der Frage nach dem Frauendiakonat um Offenbarungsgemäßheit.

3.1.4. Nicht alle Regeln der Urkirche sind heute verpflichtend

„Offenbarungsgemäßheit" bedeutet nun wirklich nicht, dass alle Riten und Regeln der Urkirche für uns immer noch in der damaligen Art und Weise verpflichtend sind. Die erste christliche Gemeinde auf europäischem Boden versammelte sich um eine Frau: „Eine Frau namens Lydia, eine Purpurhändlerin aus der Stadt Thyatira, hörte zu; sie war eine Gottesfürchtige, und der Herr öffnete ihr das Herz, so dass sie den Worten des Paulus aufmerksam lauschte." (Apg 16,14) Und weiter heißt es: „Vom Gefängnis aus gingen die beiden zu Lydia. Dort fanden sie die Brüder, sprachen ihnen Mut zu und zogen dann weiter." (Apg 16,40)

Und was hat es mit der Unterweisung im Ersten Korintherbrief auf sich, wo es heißt „Wie es in allen Gemeinden üblich ist, sollen die Frauen in der Versammlung schweigen; es ist ihnen nicht gestattet zu reden"? (1 Kor 14,33–34) Wenn diese Anordnung heute noch gelten würde, wie stünde es dann um die Gemeinden in Amazonien und in anderen Regionen, die zu zwei Drittel von Frauen geleitet werden? Im Übrigen erklärt die moderne Exegese, diese Verse seien nicht urpaulinisch, sondern höchstwahrscheinlich von einem sogenannten Kopierer später hinzugefügt worden. Dass Frauen Gemeindeleiterinnen waren, ist nicht wegzudiskutieren, und dass Frauen damals von einem Bischof geweihte Diakoninnen waren, das will wohl niemand mit Zitaten aus dem Neuen Testament belegen wollen. Genauso ist keine Priesterweihe im heutigen Ritus in der Apostelgeschichte oder den Paulusbriefen überliefert. Es geht in der Frage der Diakoninnen also schlicht und einfach um die „pastoralen Bedürfnisse der Zeit" und nicht um Geschichtsschreibung.

In jüngerer Zeit wurden erstmals im Jahr 2017 in der orthodoxen Kirche Diakoninnen geweiht. Patriarch Theodoros II., der für die orthodoxe Kirche auf dem ganzen afrikanischen Kontinent zuständig ist, weihte in der Bergbaustadt Kolwezi in der kongolesischen Provinz Katanga drei Katechistinnen und drei Nonnen zu Diakoninnen. Sie sind vor allem in den Bereichen Erwachsenentaufe, Ehevorbereitung und Katechese tätig. Gut ein halbes Jahr zuvor hatte die Synode des Patriarchats von Alexandria beschlossen, die Einführung einer Diakoninnenweihe zu prüfen. Auf orthodoxen Websites wurde nach der Weihe in Kolwezi daran erinnert, dass die orthodoxe Kirche mehrere heilige Diakoninnen verehre, so die heilige Tatiana, die heilige Olympias und die heilige Phoebe. Unmöglich ist also gar nichts.

Auch in der römisch-katholischen Kirche haben so manche mit Nachdruck verteidigte Erklärungen der Vergangenheit im Laufe der Zeit an Bedeutung verloren und wurden eindeutig revidiert. Das Zweite Vatikanische Konzil (1962–1965) hat mehrere Entscheidungen getroffen, die etwa noch zur Zeit des Ersten Vatikanischen Konzils (1869–1870) als häretisch angesehen worden wären. Denken wir nur an die Erklärung *Dignitatis humanae* vom 7. Dezember 1965 über die Religionsfreiheit. Auch das Apostolische Schreiben *Ordinatio sacerdotalis*, mit dem Papst Johannes Paul II. die Weihe von Priesterinnen „endgültig" ausgeschlossen hat, ist kein Glaubenssatz und hat nicht einmal den Rang einer Enzyklika.

Der Einwand, dass die Kirche 2000 Jahre lang keine Frauen zu Priesterinnen geweiht habe, ist verständlich, aber nicht überzeugend. Es gibt viele Traditionen, die heute nicht mehr gültig sind. Die Kirche lebt vom Wort Gottes und von der Tradition, vom Lehramt. Aber vieles, was das Lehramt noch im 19. Jahrhundert gesagt hat, würde heute kein Bischof mehr in den Mund nehmen.

Was zum Beispiel die Päpste Pius X. und Pius XI. über die Demokratie erklärt haben, ist heute absolut nicht mehr gültig. Die Welt entwickelt sich und auch das Verständnis in Glaubensfragen entwickelt sich. Eine Predigt von 1890 kann man heute nicht wiederholen. Die Kirche muss sich mit den Lebensumständen der Menschen weiterentwickeln und die „Zeichen der Zeit" erkennen.

Ich bin überzeugt, dass die gleiche Würde der Frau bei der Zulassung zu den Weiheämtern kommen wird. Und ich hoffe, dass die Amazoniensynode dafür bahnbrechend sein wird oder wenigstens einige Schritte in die richtige Richtung macht. Wenn nicht, dann haben wir eine weitere Chance der längst notwendigen Erneuerung der Kirche vertan.

3.2. Widerstände aus konservativen Kirchenkreisen

Es wird freilich auch Einflüsse und Widerstände von konservativer Seite geben. Ich befürchte, dass manche Bischöfe drohen könnten, dass eine Kirche mit geweihten verheirateten Männern und mit geweihten Diakoninnen nicht mehr ihre Kirche sei. Das wäre eine reine Erpressung. Als Beispiel für den zu erwartenden Gegenwind sei ein Bericht zitiert, der am 25. Februar 2017 auf der Plattform *katholisches.info* veröffentlicht wurde. Dort hieß es unter der Überschrift „‚Deutsch-brasilianische Achse' gegen den Zölibat":

> Seit 2014 ist bekannt, daß Kardinal Hummes – zusammen mit dem österreichischen Missionsbischof Erwin Kräutler – an einer Amazonas-Werkstatt für ein „Amazonas-Priestertum" bastelt. Offiziell gehe es darum, einen „Notstand" des Priestermangels zu beheben, um der indigenen Bevölkerung des riesigen Amazonas-Beckens den Zugang zu den Sakramenten zu sichern. Dafür soll ein „indigener Klerus" geschaffen werden. Ähnliche, gescheiterte Versuche im mexikanischen Chiapas und die auffällige Präsenz deutscher Stichwortgeber lässt andere Kirchenvertreter misstrauisch sein. Der Vatikanist Sandro Magister sprach im Dezember 2015, unmittelbar nach Abschluss der Bischofssynode über die Familie, davon, dass die „Amazonas-Werkstatt" nur eine Tarnung für einen Angriff auf das Weihesakrament sei mit dem Ziel, den Priesterzölibat abzuschaffen.

Es wird dann auf die Einführung verheirateter Diakone durch Papst Paul VI. im Jahr 1967 Bezug genommen. Diese würde „von modernistischer Seite als erste Etappe zur Abschaffung des Priesterzölibats verstanden". Und in der Tat stellten die ständigen Diakone einen „nicht wirklich geklärten Aspekt dar", der – wie die Beispiele Chiapas und Amazonien zeigten – als Sprungbrett mit permanenter Einladung „für den nächsten Angriff auf den Priesterzölibat" diene. Schließlich heißt es, die „Amazonas-Werkstatt" arbeite systematisch auf die Schaffung einer „Sonderform" des Priestertums hin und wehre sich gegen andere Lösungen zur Behebung des Priestermangels im Amazonas-Urwald. Eine Haltung, die jenen als Bestätigung diene, die ohnehin davon ausgehen, dass das „Amazonas-Priestertum" nur eine *Camouflage* für ein neues Priestertum sei, das weniger an das des niederen Klerus in den orthodoxen Kirchen erinnere, sondern mehr an das „Priestertum" des Protestantismus, das in Wirklichkeit allerdings gar keines sei, da die Reformatoren das Weihesakrament getilgt hätten. Der behauptete „Notstand" des Priestermangels könnte schnell auf andere Gebiete ausgeweitet werden. 2011 hatten mehrere CDU-Politiker mit dieser Begründung die Priesterweihe von *viri probati* gefordert. „Das wäre dann Amazonien in Deutschland."

Was hier als große Befürchtung geäußert wird, sehe ich im Modus der Hoffnung. Die Amazoniensynode kann einen epochalen Schritt in der Weltkirche anstoßen. Ich vertraue darauf, dass Papst Franziskus sehr viel auf die Meinung der Synodenteilnehmer geben wird. Wenn wir unsere Anliegen entschieden vertreten, könnte er ähnlich wie bei der Synode über die Ehe ein Tor auftun, indem er sagt: „Ihr Bischöfe habt jetzt die Möglichkeit, zu tun, was ihr für notwendig erachtet". Das wäre sehr gut. Es wäre dann die Aufgabe etwa der regionalen Bischofskonferenzen, zu sagen, „ja, bei uns ist die Situation so, dass wir die vom Papst eröffnete Möglichkeit nutzen, *viri probati* und Diakoninnen zu weihen".

Es wird sicher kein einziger Bischof in Eigenregie vorpreschen. Das würde ich ablehnen. Und es geht selbstverständlich nur mit den betroffenen Gemeinden. Die Vorgaben könnten sein, dass die Weihekandidaten oder Weihekandidatinnen sich mit ihrer Aufgabe identifizieren und dass sie von ihrer Gemeinde benannt und dem Bischof zur Weihe vorgeschlagen werden.

Im alten *Missale Romanum* hat es geheißen, der Priester bereitet sich in der Sakristei vor und tritt dann an den Altar. Jetzt heißt es, wenn das Volk Gottes versammelt ist, tritt der Priester an den Altar. Das Volk Gottes ist also ein wesentliches Element der Eucharistiefeier, genauso wie es im ganzen Prozess der Erneuerung dazugehört, den wir gemeinsam gehen wollen.

3.3. Keine Frage des Mangels, sondern der Geschlechtergerechtigkeit

3.3.1. Meine Frage an die Katechetin: Fehlt da nicht etwas?

Im Vorbereitungspapier zur Amazoniensynode hat das Thema Frau in der Kirche einen großen Stellenwert. Die Frage dazu heißt: Wie können wir die Teilnahme der Frauen auf der Suche nach neuen Wegen annehmen und ihre Arbeit wertschätzen und anerkennen? Für mich selbst ist die Frage der Eucharistie und der Zulassung zur Weihe durch ein bezeichnendes Erlebnis in einer unserer kleinen Gemeinden virulent geworden. Gleich bei meiner Ankunft in der Gemeinde weitab von der Stadt São Félix do Xingu sagte mir die Katechetin: „Jetzt kannst du endlich unsere Kirche einweihen!" Als die Tür feierlich geöffnet wurde, sah ich vorn allerdings nur ein Ambo, so ähnlich wie in den evangelikalen Gottesdiensträumen. Verwundert fragte ich Fátima, die Katechetin: „Fehlt da nicht etwas?" – „Was sollte fehlen, Dom Erwin?" – „Der Altar?" Sie meinte: „Wir brauchen keinen Altar, denn der Pfarrer kommt nur ein, zwei Mal im Jahr vorbei und dann holen wir einen Tisch aus der Schule und überziehen ihn mit einer schönen Decke, damit er die Messe feiern kann."

Dieses Erlebnis hatte ich schon 1990 Kardinal Joseph Ratzinger erzählt, als er noch nicht Papst, sondern Präfekt der römischen Glaubenskongregation war. Die Antwort Ratzingers war, wir sollten mehr um Berufungen beten. Die tausendjährige Tradition des Priesterzölibats könne doch nicht einfach von heute auf morgen geändert werden.

„Sicher nicht von heute auf morgen", gab ich zur Antwort, „aber wir müssen doch wenigstens anfangen, darüber zu reden, welche Wege wir einschlagen müssen, um unseren Gemeinden die Möglichkeit der Teilnahme an der sonntäglichen Eucharistiefeier zu geben." Jesus habe uns den Auftrag gegeben: „Tut dies zu meinem Gedächtnis!" Ich zitierte Lukas 22,19 in Griechisch und erhielt dafür nur noch ein wohlwollendes, mildes Lächeln des Kardinals.

Hatte Kardinal Ratzinger nicht schon vor Jahren begonnen, darüber zu reden, als er noch Dogmatikprofessor in Regensburg war? Er veröffentlichte sogar seinen 1969 gehaltenen Rundfunkvortrag mit dem Titel „Wie wird die Kirche im Jahre 2000 aussehen?" in seinem Buch *Glaube und Zukunft* (Kösel Verlag 1970, S. 120ff). Dort heißt es:

Aus der Krise von heute wird auch dieses Mal eine Kirche morgen hervorgehen, die viel verloren hat. Sie wird klein werden, weithin ganz von vorne anfangen müssen. Sie wird viele der Bauten nicht mehr füllen können, die in der Hochkonjunktur geschaffen wurden. Sie wird mit der Zahl der Anhänger viele ihrer Privilegien in der Gesellschaft verlieren. Sie wird sich sehr viel stärker gegenüber bisher als Freiwilligkeitsgemeinschaft darstellen, die nur durch Entscheidung zugänglich wird. Sie wird als kleine Gemeinschaft sehr viel stärker die Initiative ihrer einzelnen Glieder beanspruchen. Sie wird auch gewiss neue Formen des Amtes kennen und bewährte Christen, die im Beruf stehen, zu Priestern weihen: In vielen kleineren Gemeinden bzw. in zusammengehörigen sozialen Gruppen wird die normale Seelsorge auf diese Weise erfüllt werden.

Damals war Joseph Ratzinger noch Universitätsprofessor. Als Erzbischof von München und Freising, als Präfekt der Glaubenskongregation und Kardinal und dann eben als Papst zog er solche Register nicht mehr. Da hätte er nun die entsprechende Plattform gehabt, um auf dieses Thema einzugehen. Aber er krebste zurück. Allerdings ist mir auch nicht bekannt, ob er diese seine Zukunftsvision von 1969 explizit widerrufen hat. Immerhin findet sie sich in seinen *Gesammelten Schriften*, Band 8/2 (2010), S. 1167 (vgl. Herder Korrespondenz 3/2017).

3.3.2. Die Diakoninnenweihe wäre die erste Stufe

Ich bin überzeugt, dass die regionalen Bischofskonferenzen in Amazonien mehrheitlich für die Weihe von *viri probati* sind. Aber gleichzeitig, meine ich, sollte für die Frauen wenigstens die Diakonatsweihe kommen. Unsere Gemeindeleiterinnen stehen seit Jahr und Tag vorn und leiten mit viel Kompetenz und Liebe den Wortgottesdienst. Warum sollen sie nicht die Weihe erhalten, um das eucharistische Hochgebet und die Wandlungsworte sprechen zu können? Die Diakoninnenweihe wäre die erste wichtige Stufe dorthin. Die Weihe umfasst ja drei Stufen: Diakonweihe, Priesterweihe und Bischofsweihe.

Es ist kein Dogma, kein definierter Glaubenssatz (*de fide definita*), dass eine Frau nicht geweiht werden darf. Das kulturelle Umfeld des Neuen Testamentes war patriarchalisch. Jesus aber war anders. Er hatte keine Berührungsängste. Das Gespräch mit der Frau von Samaria am Jakobsbrunnen war ein totaler Tabu-Bruch. Ein Jude spricht nicht mit einer Frau in der Öffentlichkeit und noch viel weniger mit einer Samariterin (vgl. Joh 4,1–42). Selbst seine Jünger waren geschockt, als sie das sahen, und hatten Angst um den guten Ruf ihres Rabbi.

Und wie war es mit der Frau, die einige Pharisäer auf der Stelle steinigen wollten? Wer weiß, war sie etwa missbraucht worden, wie es so oft in der Geschichte geschah und geschieht? Jesus saß da und schrieb auf den staubigen Boden. Mein ehemaliger Religionsprofessor im Feldkircher Gymnasium, Anton Fussenegger, hatte eine plausible Antwort auf unsere Frage, was Jesus da wohl geschrieben habe. „Vielleicht", sagte er, „schrieb er die Namen der von den Anklägern immer wieder missbrauchten Frauen in den Sand." Und als Jesus noch dazu sagte: „Wer von euch ohne Sünde ist, werfe den ersten Stein", suchte einer nach dem anderen das Weite und ließ Jesus und die Frau allein auf dem Stadtplatz (vgl. Joh 8,1–11). Jesus brach hier entschieden das Gesetz des Mose: „Ein Mann, der mit der Frau seines Nächsten die Ehe bricht, wird mit dem Tod bestraft, der Ehebrecher samt der Ehebrecherin." (Lev 20,10) Aber wo ist der Ehebrecher? Warum bringen diese „Gesetzeshüter" nur die Frau?

Wo waren die Männer, als Jesus festgenommen wurde? „Und da verließen ihn alle und flohen" (Mt 26,56), höre ich den Jahrhundert-Tenor Peter Schreier als Evangelist in Johann Sebastian Bachs Matthäuspassion klagend singen. Über die Frauen aber singt er liebevoll: „Und es waren viele Weiber da, die von ferne zusahen, die da Jesus waren nachgefolgt aus Galiläa." (Mt 27,55) Das Johannesevangelium erzählt: „Bei dem Kreuz Jesu standen seine Mutter und die Schwester seiner Mutter, Maria, die Frau des Klopas, und Maria von Magdala." (Joh 19,25) Die Frauen waren da, bis zuletzt. Und es war eine Frau, die als erste der Welt die Auferstehung Jesu verkündete: Maria von Magdala.

Diese so bedeutende Frau im Evangelium wurde jahrhundertelang als Dirne und Sünderin verleumdet. Mehrere Kirchenväter hatten sie zwar schon als Apostolin gepriesen und niemand kann bestreiten, dass sie zum Kreis der Jüngerinnen Jesu gehörte (vgl. Lk 8,2), aber erst Papst Franziskus hat sie 2017 „rehabilitiert". Ihr Gedenktag wird nun liturgisch als Fest gefeiert, das heißt, die liturgische Feier erhielt denselben Grad wie ein Apostelfest. Thomas von Aquin (1224–1274) nennt sie „Apostolorum Apostola" (*In Ioannem Evangelistam expositio*, c. XX, L. III, 6): Apostolin der Apostel!

Immer mehr stehen die Frauen nun auch in der Kirche auf und verlangen eine wachsende Beteiligung und Gleichberechtigung. Immer mehr höre ich den berechtigten Vorwurf, unsere Kirche sei eine „Männerkirche". Nur Männer haben das Sagen. Frauen dürfen den Altar schmücken, Lesungen vortragen, Lieder anstimmen, als Kommunionhelferinnen amtieren, haben aber kaum Einfluss auf eine Entscheidungsfindung oder Direktiven im kirchlichen Leben. Oft weise ich darauf hin, dass „bei uns am Xingu" die Dinge anders laufen, dass Frauen Wortgottesdienste leiten und dabei sogar eine Predigt halten, aber diese Erfahrung in Brasilien und vielleicht auch anderswo ist höchstens ein zaghaftes Wetterleuchten, aber noch lange kein Beweis für den längst erwarteten Sonnenaufgang.

Sind wir da nicht mehr als hundert Jahre im Rückstand? Unsere gesellschaftliche Entwicklung zielt längst auf eine wachsende Beteiligung und Gleichberechtigung von Frauen in allen Lebensbereichen. Es ist längst an der Zeit, dass sich in unserer Kirche endlich etwas weiterentwickelt. Ein erster Schritt dazu wäre die Diakonatsweihe auch für Frauen.

Die Frauenweihe ist für mich nicht eine Frage des Priestermangels, sondern eine Frage der Geschlechtergerechtigkeit. Wir können nicht hinter dem Kulturverständnis und dem Verständnis von der Rolle der Frau in der Gesellschaft zurückbleiben.

Was sind denn die Gründe, warum eine Frau nicht der Eucharistiefeier vorstehen kann? Welche Argumente werden ins Treffen geführt?

Im Grunde sind es fadenscheinige Argumente, die nur aus der patriarchalen Gesellschaft der damaligen Zeit entstanden sind, aber nicht aus der Verkündigung Jesu. Jesus hat die Frauen immer einbezogen und verteidigt.

3.3.3. Bischöfe Europas setzen Hoffnung auf Amazoniensynode

Erfreulicherweise habe ich festgestellt, dass Bischöfe in Österreich, Deutschland oder der Schweiz sehr genau darauf hinschauen, was mit der Amazoniensynode passieren wird. Manche Bischöfe, mit denen ich gesprochen habe, sind voller Erwartung. Daher ist es keine Frage, dass ein erster Schritt in Amazonien auch Auswirkungen auf die Weltkirche haben wird. Denn was zur Zeit in Deutschland oder Österreich passiert, ist auf Dauer keine Lösung.

„Seid Hirten mit dem ‚Geruch der Schafe', dass man ihn riecht – Hirten inmitten ihrer Herde", rief Papst Franziskus den Priestern seines Bistums Rom bei der ersten Chrisammesse am 28. März 2013 zu, wenige Tage nach seiner feierlichen Amtseinführung als erster Papst aus Lateinamerika. Wie können sich unsere Priester heute als „Blaulicht-Priester", die von Gemeinde zu Gemeinde jagen, noch den Geruch der Schafe aneignen? Sie haben ja kaum mehr Kontakt mit dem Volk. Sie sind Zelebranten und Sakramentenspender, aber sie leben nicht mit und unter dem Volk in ihrer Gemeinde. Es ist unmöglich, dass sie die Menschen noch persönlich kennen, sie zu Hause besuchen, einen persönlichen Kontakt zu den Familien, zu kranken und alten Menschen haben.

Im Gespräch unter vier Augen haben mir Bischöfe in Europa gesagt, wie sehr sie ihre Hoffnung auf eine Reform der Kirche in die Amazoniensynode setzen. Als wir in Feldkirch 50 Jahre Diözese feierten, ging es bei Tisch auch um die Synode. Der emeritierte Erzbischof von Salzburg, Alois Kothgasser, sagte mir in seiner lieben, mitbrüderlichen Art ganz schlicht: „Ihr müsst da nun endlich etwas tun!" Dass die Amazoniensynode nicht ohne Auswirkungen auf andere Bischofskonferenzen und die Weltkirche sein wird, hat indirekt auch der Vorsitzende der deutschen Bischofskonferenz und Erzbischof von München, Kardinal Reinhard Marx, bestätigt. Er meinte auf die Frage, was ein Beschluss der Amazoniensynode für die Öffnung der Weiheämter für Deutschland bedeuten würde: „Dann kämen wir mächtig unter Druck!"

Eindeutig in diese Richtung ausgedrückt hat sich im April 2018 der Osnabrücker Bischof Franz-Josef Bode in einer ARD-Dokumentation über den Priestermangel. Er rechne damit, dass die deutschen Bischöfe den Vatikan um eine Zulassung von verheirateten Männern zum Priesteramt bitten, falls der Papst die Weihe von *viri probati* für Amazonien genehmige. Wenn irgendwo in der Welt diese Möglichkeit gegeben sei, dann werde man sagen: Wenn das grundsätzlich geht, dann muss das auch in Situationen gehen, in denen die Not zwar anders, aber auch groß ist. In Deutschland war die Zahl der Priesterweihen in den vergangenen Jahren konstant niedrig. 2017 wurden insgesamt nur noch 76 Priester geweiht. Im Jahr 2000 waren es noch etwa doppelt so viele, nämlich 154. Als die Deutsche Bischofskonferenz 1962 erstmals bundesweit die Zahl der Priesterweihen statistisch festhielt, waren es 557.

Sehr treffend formulierte Paul M. Zulehner in seinem jüngsten Buch *Naht das Ende des Priestermangels?* mögliche Auswirkungen der Amazoniensynode: „Es könnte sein, dass eine bedeutende

Reform der Weltkirche im entlegenen Amazonas-Regenwald beginnt. Es ist nicht nur möglich, sondern ziemlich wahrscheinlich, dass damit ein Ende des selbstgemachten Priestermangels in der katholischen Weltkirche naht."

3.4. Ein Vorstoß für *viri probati* und Diakoninnen aus Österreich

In Österreich hat der emeritierte Universitätsprofessor für Neutestamentliche Bibelwissenschaften an der Universität Salzburg, Wolfgang Beilner, einen viel beachteten Vorstoß für die Weihe von *viri probati* und Diakoninnen gemacht. Beilner ist überzeugt: „Die Weihe von Frauen zu Diakoninnen in der katholischen Kirche ist dringend." Er führt dafür drei Gründe an: die Achtung vor der sakramentalen Struktur der Kirche, die Achtung vor den besonderen Fähigkeiten von Frauen und das „Prinzip der Gleichbehandlung von Gleichen".

Anfang Mai 2017 hat der renommierte Theologe einen entsprechenden Brief an jeden katholischen Bischof in Österreich geschrieben. Er ersucht die Oberhirten dabei auch, sich für die Weihe von bewährten verheirateten Männern in Rom einzusetzen. Dies sei allein schon deshalb angebracht, weil Papst Franziskus selbst die Bischöfe weltweit aufgefordert habe, ihm „mutige Vorschläge" zu machen. In der Folge hat bislang als einziger der Linzer Diözesanbischof Manfred Scheuer öffentlich erklärt, dass er einen Brief nach Rom geschrieben habe. Bei einem Diözesanforum im November 2018 berichtete Scheuer, er habe Papst Franziskus über Forderungen in seiner Diözese nach einer Weihe von bewährten verheirateten Männern, einer Entbindung vom Zölibat sowie nach dem Frauendiakonat informiert.

Der Vorarlberger Bischof Benno Elbs hat sich im Mai 2019 im ORF für eine Öffnung des kirchlichen Amts ausgesprochen, wobei er auf diesbezügliche Signale des Papstes verwies. Bei den *viri probati* verwies der Bischof auf die Bedeutung des Zölibats, der ein Zeichen für die Transzendenz sei, aber auch auf den extremen Priestermangel in gewissen Regionen wie Amazonien. „Der Zölibat ist wichtig, aber ich glaube, es ist ebenso wichtig, darüber nachzudenken, ob nicht *viri probati* für gewisse Regionen die geeignete Lösung sind", sagte Elbs.

In seinem Brief an die österreichischen Bischöfe geht der Theologe Beilner von der Überzeugung aus, dass die Kirche den Gläubigen die Sakramente „leicht erlangbar" zugänglich zu machen habe. Das sei aber angesichts des gegenwärtigen Mangels an zölibatären Priestern nicht gewährleistet. Die derzeit geübte Praxis, dass immer mehr Pfarrgemeinden zu Pfarrverbänden zusammengefasst würden und ein einziger Priester für immer mehr Gläubige zuständig sei, widerspreche einem wesentlichen Grundprinzip der Kirche: der Erfahrung von Gemeinschaft.

Der Theologe zitiert dazu ein Wort der Bibel: „Ich bin der gute Hirt; ich kenne die Meinen und die Meinen kennen mich." (Joh 10,14) Das erfordere notwendig die Überschaubarkeit und die dadurch mögliche persönliche Begegnung. „Größe und Begrenztheit kirchlicher Gemeinschaften sind dadurch vorgegeben", betont Beilner. „Die Schaffung immer undurchschaubarer werdender kirchlicher Seelsorgestrukturen ist unverzüglich einzustellen bzw. rückgängig zu machen." Um die Nähe von geweihten Amtsträgern und Gläubigen zu gewährleisten bzw. wiederherzustellen, seien „die Zulassungsbestimmungen zu den Weiheämtern dem Evangelium entsprechend zu gestalten". Konkret bedeute das, die Diakoninnenweihe in der katholischen Kirche zu restituieren, also wiederherzustellen, und die Weihe von bewährten verheirateten Männern zum Priester zuzulassen.

Was die Weihe von Diakoninnen betrifft, bestätigt Beilner indirekt die Befürchtung, die streng konservative Kreise in der katholischen Kirche hegen: dass damit Tür und Tor für die Weihe von Frauen zu Priesterinnen geöffnet sei. Beilner dazu: „Das liegt in der Natur des kirchlichen Weiheamtes. Dass ich derzeit konkret nur auf die Diakoninnenweihe dränge, hat den praktischen Grund, dass in einer großen Institution wie der katholischen Kirche wohl nur ein Schritt nach dem anderen erfolgen wird. Ich bin überzeugt, dass es eine entsprechende Zeit danach auch zur Weihe von Priesterinnen kommen wird."

Wann das sein werde, dazu hat der Theologieprofessor eine Wette mit seinen Studierenden aus den 1960er Jahren laufen. Beilner war damals überzeugt, dass es in 70 Jahren geweihte katholische Priesterinnen geben werde. Das wäre also rund um das Jahr 2030. „Wenn es der Heilige Geist früher fügt, soll es mir nur recht sein", sagt der Bibelwissenschafter.

Ein wesentliches Element der Gegner der Frauenweihe trägt nach Ansicht von Beilner überhaupt nicht. Es ist der Hinweis, dass Jesus sein letztes Abendmahl nur mit den zwölf Aposteln – ohne Frauen – gefeiert habe. Damit habe er nur Männern die Aufgabe übertragen, die heilige Messe zu feiern. Beilner dazu: „Wer aus dieser Nicht-Erwähnung von Frauen in den Evangelientexten vom letzten Abendmahl schließt, Jesus wollte der Kirche keine Vollmacht zur Weihe von Frauen geben, müsste logischerweise auch schließen, Jesus habe die Teilnahme von Frauen an der Eucharistiefeier und an der Kommunion abgelehnt." Was, so der Bibelexperte, „offenkundiger Unsinn wäre".

Als Begründung für die Weihe von verheirateten Männern führt Beilner u. a. einen Vers aus dem Ersten Korintherbrief des Apostels Paulus an. Dort heißt es in Kapitel 9, Vers 5: „Haben wir nicht das Recht, eine Schwester im Glauben als Frau mitzunehmen, wie die übrigen Apostel und die Brüder des Herrn und wie Kephas?" Diese Bibelstelle werde in der liturgischen Leseordnung der katholischen Kirche schamhaft verschwiegen, kritisiert Beilner. Das Kirchenvolk bekommt diesen Vers demnach in dem Zyklus von drei Jahren, in denen bei den sonntäglichen Lesungen große Teile des Neuen Testaments vorgetragen werden, nie zu hören. Zudem verweist Beilner für die Weihe von *viri probati* auf den Ersten Brief an Timotheus, Kapitel 3, Verse 2 bis 5: „Deshalb soll der Bischof ein Mann ohne Tadel sein, nur einmal verheiratet, nüchtern, besonnen, von würdiger Haltung, gastfreundlich, fähig zu lehren; er sei kein Trinker und kein gewalttätiger Mensch, sondern rücksichtsvoll; er sei nicht streitsüchtig und nicht geldgierig. Er soll ein guter Familienvater sein und seine Kinder zu Gehorsam und allem Anstand erziehen. Wer seinem eigenen Hauswesen nicht vorstehen kann, wie soll der für die Kirche Gottes sorgen?"

Der Sonntagsgottesdienst sei nicht nur eine Pflicht der Gläubigen, sondern auch „eine Bringschuld der Kirche", unterstreicht Beilner. Der Versuch, den Mangel an zölibatären Priestern in Österreich durch Geistliche aus anderen europäischen Ländern oder anderen Kulturkreisen aufzufangen, habe sich offenbar bestenfalls in Einzelfällen als zielführend erwiesen. Nicht zu übersehen sei auch, dass die katholische Kirche jederzeit Ausnahmen von der Zölibatsverpflichtung gewähre, wenn verheiratete unierte oder anglikanische Priester oder evangelische Pastoren in die katholische Kirche konvertieren und ihren Dienst weiterhin ausüben wollen.

Für die weitere Vorgangsweise in der katholischen Kirche in Österreich schlägt Beilner vor, konkrete Erkundungen einzuholen, was eine Öffnung des Zugangs zum Weiheamt bringen würde:

Wie viele verheiratete Diakone oder Pfarrassistenten wären bereit, sich zum Priester weihen zu lassen? Wo wären die Frauen für die Diakonatsweihe zu suchen und zu finden? Wegweisend dazu ist eine Bemerkung des früheren Eisenstädter Bischofs Paul Iby. Der schrieb in seinen 2017 bei Tyrolia erschienen Erinnerungen über seine Reformbemühungen in den 1990er Jahren: „Ich habe auch sehr früh darauf hingewiesen, dass es mit der Belastung der Priester so nicht weitergehen könne. Ich war allerdings nie und nimmer gegen den Zölibat, ich habe nur den Pflichtzölibat in Frage gestellt und für die Weihe von *viri probati* plädiert. Ich hatte etwa zehn Männer mit abgeschlossenem Theologiestudium sowie Ständige Diakone, die ich mir jederzeit sehr gut als Priester hätte vorstellen können."

Anders als bei der Weihe von Frauen zu Priesterinnen sei die theologische Hürde innerhalb der römisch-katholischen Kirche beim Thema verheiratete Priester nicht sehr hoch, erläuterte Thomas Schüller, Professor für Kirchenrecht an der Universität Münster, im März 2018 in einer Sendung des Deutschlandfunks zum Thema „Gibt es bald verheiratete Priester?". Es sei auf jeden Fall Platz für diese Lösung, „weil das Gesetz, dass nur ein unverheirateter Mann zur Priesterweihe zugelassen werden kann, ein rein kirchliches Gesetz ist. Aber kein göttliches Recht, das auf die Bibel zurückgeführt würde. Und wir haben ja in der Geschichte der Kirche auch lange Zeit verheiratete Priester gehabt. Insofern ist das eine verhandelbare und veränderbare Materie."

Der Wiener Pastoraltheologe Paul M. Zulehner nannte es in dieser Sendung des Deutschlandfunks „einen der ganz großen Skandale in der katholischen Kirche, dass uns die Lebensform der Priester wichtiger ist als die Eucharistiefähigkeit gläubiger Gemeinschaften." Zumal der Zölibat überhaupt erst im zweiten

Jahrtausend der Kirchengeschichte eingeführt worden sei. Erst das Zweite Laterankonzil 1139 verabschiedete ein Gesetz zur Ehelosigkeit der Priester. Und ein vollständig eheloser Klerus existiert erst seit dem Konzil von Trient, das Mitte des 16. Jahrhunderts stattgefunden hat. Der Pflichtzölibat blieb zudem weitgehend auf die römisch-katholische Kirche des Westens beschränkt – und er ist selbst hier nicht lückenlos. Die katholische Kirche hat auch griechisch-katholische Priester, die verheiratet sind. Und es gibt evangelische Pastoren und anglikanische Priester, die konvertiert sind und ihren Dienst als verheiratete Priester in der katholischen Kirche ausüben.

Die nachhaltigen Initiativen des Wiener Pastoraltheologen für *viri probati* gehen bereits auf das Jahr 2002 zurück. Damals hat Zulehner erstmals gemeinsam mit Bischof Fritz Lobinger diesen neuen Priestertyp beschrieben, der unmittelbar aus der ehrenamtlichen Tätigkeit in einer Gemeinde erwächst. Im Unterschied zum traditionellen Priester, der sich zum zölibatären Priesteramt berufen fühlt, würden diese „anderen" Priester durch die Gemeinde erwählt und dem Bischof zur Weihe vorgeschlagen. „Sie stehen der Eucharistiefeier vor und leiten aus deren Mitte her die Gemeinde, die sie erwählt hat, und halten sie in der Spur des Evangeliums", so Zulehner. Die katholische Kirche könnte damit nach Ansicht von Zulehner auch für die Zölibatsdebatte einen überraschenden Ausweg finden. Sie müsste einerseits den „Pflichtzölibat" nicht aufheben. Denn dieser bleibe für die Priester in der bisherigen Tradition verpflichtend. Andererseits gäbe es daneben verheiratete Priester eines anderen Typs.

In einer Weiterentwicklung dieses Modells, das zölibatäre und verheiratete Priester als zwei unterschiedliche Gestalten dieses Amtes nebeneinander sieht, sind Bischof Lobinger und Paul M.

Zulehner dafür eingetreten, nicht mehr von *viri probati*, sondern von *personae probatae* zu sprechen. Unabhängig ob Mann oder Frau sollen verheiratete „bewährte Personen", die in den Kirchengemeinden ehrenamtlich engagiert sind, die Priesterweihe erhalten. Die Kirchengemeinden sollten diese *personae probatae* selbst benennen. Daraufhin sollten sie eine dreijährige seelsorgliche Ausbildung erhalten und dann vom Bischof als „Priester anderer Art" in ein „Ältestenteam" hinein geweiht werden – „Älteste" natürlich nicht im Sinne von Gemeindemitgliedern im Greisenalter.

3.5. Initiativen aus anderen Regionen der Weltkirche

Eine der jüngsten grundsätzlichen Stellungnahmen deutscher Theologen war in der Herder Korrespondenz (3/2017) jene des Freiburger Dogmatikers Helmut Hoping und des Mainzer Pastoraltheologen Philipp Müller. Sie sprachen sich dafür aus, künftig auch *viri probati* aus dem Kreis der Ständigen Diakone unter engen Bedingungen zu Priestern zu weihen. Es bestehe „kein Zweifel, dass die katholische Kirche die Freiheit dazu besitzt, wenn dies aus pastoralen Gründen geboten scheint". Unter anderem berufen sich die Theologen auf einen Vorschlag aus dem Jahr 1970. Damals hatten neun Theologieprofessoren – darunter die späteren Kardinäle Walter Kasper und Karl Lehmann sowie Joseph Ratzinger, der spätere Papst Benedikt XVI. – ein Memorandum an die Deutsche Bischofskonferenz adressiert mit dem Ziel, neben unverheirateten, zölibatär lebenden Kandidaten auch die Priesterweihe von verheirateten Männern zu prüfen.

Hoping und Müller forderten die Bischofskonferenz nun dazu auf, Papst Franziskus einen konkreten Vorschlag für die Priesterweihe von *viri probati* zu unterbreiten. Unter Umständen, so die beiden Theologen, könnten auch zwei oder drei Bischöfe mit der Erlaubnis Roms vorangehen und verheiratete Diakone zu Priestern weihen. Diese müssten in vierfacher Hinsicht befähigt sein: menschlich, geistlich, intellektuell und pastoral. Darüberhinaus müssten nach Ansicht der beiden deutschen Theologen weitere Voraussetzungen gegeben sein, um verheiratete Männer zu Priestern weihen zu können: „Das Haus des *vir probatus* muss entsprechend der Forderung der Pastoralbriefe in Ordnung sein (1 Tim 3,4f; Tit

1,6). Von Seiten der Ehefrau bedarf es der ausdrücklichen Zustimmung zur Priesterweihe ihres Mannes. Beim Mindestalter wird man an etwa 50 Jahre denken, die Kindererziehung sollte abgeschlossen sein. Damit wäre ein gebührender Abstand zur Weihe unverheirateter Priesterkandidaten gewahrt, die bei ihrer Diakonenweihe das Zölibatsversprechen ablegen. Zudem ist zu hoffen, dass sich mit der unteren Altersgrenze das Problem der Ehescheidung verheirateter Priester in Grenzen halten wird." Nach dem Tod der Ehefrau sollte der Priester zum zölibatären Leben verpflichtet sein.

Hoping und Müller haben sich bei ihrem Vorstoß ausdrücklich auf die Aussagen von Papst Franziskus bei meiner Privataudienz berufen:

> In einem Gespräch mit Bischof Erwin Kräutler hat Papst Franziskus die Bischofskonferenzen ermutigt, ihm diesbezüglich „mutige Vorschläge" zu machen (Erwin Kräutler, *Habt Mut! Jetzt die Kirche und die Welt verändern*, 2. Aufl., Innsbruck 2016, S. 91). Die deutsche Bischofskonferenz könnte die genannten Impulse aufgreifen und sich in einem Votum an Papst Franziskus für die Möglichkeit der Priesterweihe von *viri probati* unter den genannten Bedingungen einsetzen. Da ein gemischter Klerus aus zölibatär lebenden und verheirateten Priestern in der vorgeschlagenen Form etwas Neues in der katholischen Kirche darstellte, bedürfte er einer umsichtigen Einführung. Zwei oder drei Diözesanbischöfe könnten vorangehen und mit Erlaubnis des Papstes eine Reihe verheirateter Diakone zu Priestern weihen.

Dieser Vorschlag geht einen etwas anderen Weg, als wir in Amazonien anstreben. Insgesamt ist das aber durchaus auf der von uns vertretenen Linie, dass die Entwicklung neuer Weiheämter maßgeblich an den Bedürfnissen der jeweiligen Regionen bzw. Bischofskonferenzen ausgerichtet sein könnte.

Was die Weihe von Diakoninnen betrifft, wurde im August 2018 eine Studie veröffentlicht, wonach 77 Prozent der US-amerikanischen Ordensoberen davon ausgehen, dass Frauen zu Diakoninnen geweiht werden können. Die Studie wurde vom Zentrum für angewandte Apostolatsforschung (CARA) an der Jesuiten-Universität Georgetown durchgeführt. 72 Prozent der Ordensoberen denken demnach, dass die Kirche eine sakramentale Weihe für Frauen zulassen sollte. Dass dies tatsächlich geschehen wird, glauben allerdings nur 45 Prozent der Antwortenden.

Die Studie wurde zwischen Januar und Mai 2018 durchgeführt. Dafür wurden fast 800 Ordensobere angeschrieben. Etwa die Hälfte hat den Fragebogen ausgefüllt. Die antwortenden Gemeinschaften stellen nach Auskunft von CARA nach verschiedenen Kriterien wie Alter und Geschlecht einen repräsentativen Querschnitt der Ordenslandschaft der USA dar. Die Oberinnen der Frauenorden wurden auch gefragt, wie viele der Mitglieder ihrer Gemeinschaften selbst ein Interesse an einer Weihe zur Diakonin hätten. Im Schnitt wurden 2,7 interessierte Ordensfrauen genannt, die häufigste Antwort auf die Frage sei aber „keine" gewesen. 69 Prozent gehen davon aus, dass die US-Bischofskonferenz bereit wäre, Diakoninnen zu weihen, wenn die Kirche es erlauben würde. Nur 58 Prozent rechnen allerdings damit, dass ihr zuständiger Bischof auch Diakoninnen weihen würde. „Ich denke, das Thema wird durch das Interesse des Heiligen Vaters vorangebracht", lautete die Rückmeldung eines Studienteilnehmers. „Ich bin aber etwas besorgt, dass die Bischöfe nicht so offen sind, mögliche Änderungen zu befürworten und umzusetzen." Große Einigkeit bestand darin, dass die Einführung von Diakoninnen auch die Forderungen nach einer Priesterinnenweihe verstärken würden: 84 Prozent der Antwortenden halten das für „etwas" oder „sehr" wahrscheinlich (vgl. *katholisch.de* vom 3. August 2018).

Brandaktuell ist eine Befragung zum Priesterzölibat, die am 18. März 2019 von der Katholischen Presseagentur Kathpress veröffentlicht wurde. Deutsche Theologiestudenten wollten laut einer Umfrage gerne zwischen verschiedenen Modellen für das Priesteramt wählen können. Bei der Vorstudie zeigte sich ein Großteil skeptisch gegenüber der für katholische Priester geltenden Verpflichtung zum ehelosen Leben. Die Untersuchung wurde von dem emeritierten Tübinger Religionspädagogen Albert Biesinger und dem Bonner Moraltheologen Jochen Sautermeister durchgeführt.

2015 waren dazu in Bonn, Frankfurt, Freiburg, Mainz, München, Regensburg und Tübingen insgesamt 479 Studierende – 298 Frauen und 181 Männer – in verschiedenen Studiengängen etwa zu Studieninteressen und zu Einstellungen gegenüber Lebensformen wie Zölibat und Ehe schriftlich befragt worden. Zwar sind die Ergebnisse der Fragebogenstudie statistisch nicht repräsentativ, die Wissenschafter sehen sie aber „aufgrund der hohen Datenmenge als bemerkenswerte Tendenzaussagen".

Nach der Studie hat sich mehr als die Hälfte der männlichen Studierenden mit der Frage befasst, ob der Priesterberuf eine Lebensoption für sie sein könnte. Knapp 30 Prozent der Männer gaben an, wegen des Zölibats einen anderen Beruf als das Priesteramt anzustreben. Für mehr als 60 Prozent ist der Zölibat „kein zentrales Element ihres Verständnisses von einem katholischen

Priester", und zwar „weder aus traditionell-religiösen noch aus praktischen Überlegungen". Unter Frauen ist diese Ansicht noch stärker verbreitet als unter Männern: Mehr als zwei Drittel aller Befragten halten das Priesteramt für vereinbar mit Ehe und Familie. Bei den Studentinnen waren es sogar 88 Prozent.

Bemerkenswert im Zusammenhang mit den Intentionen der Amazoniensynode ist, dass 70 Prozent ein Miteinander von zölibatär und nicht zölibatär lebenden Priestern als ein kirchliches Zukunftsmodell sehen. 30 Prozent der männlichen Studenten, die nicht Priester werden wollen, sehen im „Priester im Zivilberuf" eine Option für das eigene Leben – ein Gedanke, der unserer Vorstellung von *viri probati* bzw., wie ich lieber sage, *personae probatae*, sehr nahe kommt. Die Befunde legen aus Sicht der Wissenschafter nahe, dass die „gängigen Begründungen der berufungs- und sakramententheologischen Frage nach dem Verhältnis von Berufung zum priesterlichen Dienst, Lebensform und hauptamtlichen Priesterberuf unter den Studierenden katholischer Theologie offener diskutiert werden sollen". Die Möglichkeit einer doppelten Berufung – also sowohl zum Priestertum als auch zur Ehe – könne sich nach der Studie „auf eine gewisse Akzeptanzbasis berufen".

AUSBLICK –
ERNEUERUNG DER KIRCHE JETZT

Die Sonderversammlung der Bischofssynode für Amazonien ist ein einzigartiger *Kairos* für die Kirche Amazoniens und weit darüber hinaus. Drei Gründe sind dafür maßgeblich:

1. Unser Papst aus Lateinamerika

Am 13. März 2013 haben die Kardinäle in ihrem Konklave in der Sixtinischen Kapelle im fünften Wahlgang den Erzbischof von Buenos Aires und Primas von Argentinien, Kardinal Jorge Mario Bergoglio, zum Papst gewählt. Er hat den Namen Franziskus angenommen und ist der erste Papst der römisch-katholischen Kirche aus Lateinamerika. Damit steht erstmals ein Papst an der Spitze der Kirche, der seine persönlichen Erfahrungen als Priester, Bischof und Kardinal auf dem südamerikanischen Kontinent gemacht hat.

Der Name Franziskus greift ein Grundanliegen der großen Bischofsversammlungen Lateinamerikas auf: die Option für die Armen. Damit ist der Boden gelegt für eine Weltkirche, die sich wieder vermehrt auf das Wort Jesu besinnt: „Was ihr für einen meiner geringsten Brüder oder für eine meiner geringsten Schwestern getan habt, das habt ihr für mich getan!" (Mt 25,40)

Papst Franziskus lebt diese Option für die Armen konkret vor. Seine erste „Auslandsreise" führte ihn auf die Flüchtlingsinsel Lampedusa – im Gedenken an Tausende Flüchtlinge, die diesen ihren Hoffnungspunkt nicht erreicht haben, sondern im Mittelmeer ertrunken sind. Das Zeichen der Fußwaschung am Gründonnerstag hat Franziskus mehrfach an jugendlichen Strafgefangenen vollzogen.

2. Das Zusammenwirken von Volk Gottes und Bischöfen

Das Vorbereitungsdokument für die Amazoniensynode ist aus der Beratung mit dem Volk Gottes und den Bischöfen entstanden. Es gehört zur Grundlage unseres kirchlichen Handelns, dass der *sensus fidelium*, der Glaubenssinn des Volkes Gottes, wahrgenommen und ernstgenommen wird. Die Einheit in der Vielfalt verbindet uns auch mit dem Papst aus Lateinamerika.

Ein großes Augenmerk legt die Kirche Amazoniens auf die indigenen Völker und ihre Kultur des „Sumak Kawsay", „des guten Lebens", die Weisheit ihrer Traditionen und die Verbundenheit mit Mutter Erde. Wir wissen uns mit diesen Völkern verbunden im Kampf gegen ein Agrobusiness und eine Großindustrie, die den natürlichen Ressourcen des Regenwaldes und seiner Flusslandschaften aus dem haltlosen Streben nach Besitz und Gewinnmaximierung Gewalt antun und damit die Lebensgrundlage von indigenen Völkern, Fischern und Kleinbauern zerstören.

3. „Mutige" Vorschläge an den Papst

Papst Franziskus hört auf die Menschen und bestärkt die Bischöfe in ihrer Verantwortung für ihre Diözesen und in ihrer Mitverantwortung für die Weltkirche. Mehrfach habe ich persönlich erlebt, wie dieser Papst ein Hörender und Zuhörender ist – nicht zuletzt bei meiner Privataudienz und bei den Vorbereitungsgesprächen für die Amazoniensynode. Es liegt an uns Bischöfen, dieses Charisma des Papstes für die notwendige Erneuerung der Kirche fruchtbar zu machen.

Franziskus wird die Kirche nicht von oben herab reformieren. Aber er will gemeinsam mit dem Volk und den Bischöfen neue Wege beschreiten – allem massiven Widerstand beharrender Kräfte im Vatikan und darüber hinaus zum Trotz. Franziskus ist ein Glücksfall für eine Kirche, die die Zeichen der Zeit erkennen will.

„Erneuerung der Kirche jetzt" ist die dringende Einladung, unsere Mitverantwortung an der Leitung der Kirche wahrzunehmen.

Abkürzungen

AG	Dekret *Ad gentes* (1965), II. Vatikanisches Konzil
CELAM	Consejo Episcopal Latinoamericano, Lateinamerikanischer Bischofsrat
CIMI	Rat der brasilianischen Bischofskonferenz für indigene Völker
CLAR	Lateinamerikanische und Karibische Konferenz für Ordensleute
CNBB	Conferência Nacional dos Bispos do Brasil, Brasilianische Bischofskonferenz
DAp	Abschlussdokument der Bischofsversammlung von Aparecida (2007)
EA	Nachsynodales Schreiben *Ecclesia in America* (1999) von Papst Johannes Paul II.
EG	Apostolisches Schreiben *Evangelii gaudium* (2013) von Papst Franziskus
EN	Apostolisches Schreiben *Evangelii nuntiandi* (1974) von Papst Paul VI.
GS	Pastoralkonstitution *Gaudium et spes* (1965), II. Vatikanisches Konzil
LG	Konstitution *Lumen gentium* (1964), II. Vatikanisches Konzil
LS	Enzyklika *Laudato si'* (2015) von Papst Franziskus
PO	Dekret *Presbyterorum ordinis* (1965), II. Vatikanisches Konzil
PP	Enzyklika *Populorum progressio* (1967) von Papst Paul VI.
REPAM	Pan-amazonisches Kirchennetzwerk
RMi	Enzyklika *Redemptoris missio* (1990) von Papst Johannes Paul II.
SC	Konstitution *Sacrosanctum Concilium* (1963), II. Vatikanisches Konzil

Weiterführende Literatur

Kirchliche Dokumente

Amazonien – Neue Wege für die Kirche und eine ganzheitliche Ökologie. Vorbereitungsdokument 2018, hrsg. von Edições CNBB, Comissão Episcopal para a Amazônia, Rede Eclesial Pan-Amazônica – REPAM BRASIL, deutsche Übersetzung: Thomas Schmidt und Norbert Arntz im Auftrag von Bischöfliches Hilfswerk MISEREOR e. V.

Aparecida 2007. Schlussdokument der 5. Generalversammlung des Episkopats von Lateinamerika und der Karibik, 13.–31. Mai 2007

Gaudium et spes. Pastorale Konstitution über die Kirche in der Welt von heute, II. Vatikanisches Konzil, 7. Dezember 1965

Lumen gentium. Dogmatische Konstitution über die Kirche, II. Vatikanisches Konzil, 1964

Papst Franziskus: *Ansprache in Puerto Maldonado* (Peru), Begegnung mit den Völkern Amazoniens, 19. Jänner 2018

Papst Franziskus: Enzyklika *Laudato si' – Über die Sorge um das gemeinsame Haus*, 2015

Papst Franziskus: Apostolisches Schreiben *Evangelii gaudium – Über die Verkündigung des Evangeliums in der Welt von heute*, 2013

Papst Johannes Paul II.: Nachsynodales Schreiben *Ecclesia in America*, 1999

Papst Johannes Paul II.: Apostolisches Schreiben *Ordinatio sacerdotalis*, 1994

Papst Johannes Paul II.: Enzyklika *Redemptoris missio*, 1990

Papst Johannes Paul II.: Enzyklika *Sollicitudo rei socialis*, 1987

Papst Paul VI.: Apostolisches Schreiben *Evangelii nuntiandi*, 1974

Papst Paul VI.: Enzyklika *Populorum progressio – Über die Entwicklung der Völker*, 1967

Presbyterorum ordinis. Dekret über Dienst und Leben der Priester, II. Vatikanisches Konzil, 1965

Sacrosanctum Concilium. Konstitution über die heilige Liturgie, II. Vatikanisches Konzil, 1963

Sekundärliteratur

Josef Bruckmoser: *Die Frauenweihe ist dringend*. Gespräch mit Bibelwissenschafter Univ.-Prof. Dr. Wolfgang Beilner, in: Salzburger Nachrichten, 11. Mai 2019

Giovanni di Lorenzo: „*Ich kenne auch die leeren Momente*", Was bedeutet Glaube? Ein ZEIT-Gespräch mit Papst Franziskus, in: DIE ZEIT Nr. 11/2017, 9. März 2017

Helmut Hoping, Philipp Müller: *Ein Vorschlag – Viri probati zur Priesterweihe zulassen*, in: Herder Korrespondenz 3/2017

Medard Kehl SJ: *Aus der Kraft des Konzils*. Überlegungen zur Lage der Kirche, in: Virtueller Leseraum der Philosophisch-Theologischen Hochschule St. Georgen, Frankfurt am Main.

Erwin Kräutler: *Habt Mut! Jetzt die Kirche und die Welt verändern*, 2. Aufl., Tyrolia, Innsbruck 2016

Erwin Kräutler: *Mein Leben für Amazonien. An der Seite der unterdrückten Völker*, Topos Premium, Kevelaer 2018

Fritz Lobinger, Paul M. Zulehner: *Um der Menschen und der Gemeinden willen. Plädoyer zur Entlastung von Priestern*, Schwabenverlag, Ostfildern 2002

Antônio Vieira: *Sermão da Epifania*, in: Sermões, Ed. Anchieta, São Paulo 1943 (= Faksimile-Ausgabe der Edition von 1679), tomo II, n. 5

Paul M. Zulehner: *Das Modell von Fritz Lobinger für die Viri probati – Den Hunger stillen*, in: Herder Korrespondenz 4/2019

Paul M. Zulehner: *Naht das Ende des Priestermangels? Ein Lösungsmodell*, Patmos, Ostfildern 2019

Paul M. Zulehner, Fritz Lobinger, Peter Neuner: *Leutepriester in lebendigen Gemeinden. Ein Plädoyer für gemeindliche Presbyterien*, Schwabenverlag, Ostfildern 2003

 TYROLIA www.tyrolia-verlag.at

Spannend und authentisch!

Erwin Kräutler
Mein Leben für Amazonien
An der Seite der unterdrückten Völker
232 Seiten, 26 farb. und 3 sw. Abb., 1 Karte
ISBN 3-8367-0053-5

ISBN 978-37022-3388-4

Bischof Erwin Kräutler blickt auf sein Leben für die Menschen in Amazonien zurück. Seit 1965 lebt er in Brasilien und hat dort die Entwicklung der Kirche entscheidend mitgestaltet. Trotz eines Mordanschlags setzt er sich weiter kompromisslos für Mensch und Natur ein und wurde für sein Engagement mit dem Alternativen Nobelpreis ausgezeichnet.

Sich mutig den neuen Zeiten stellen

**Erwin Kräutler
Habt Mut!
Jetzt die Welt und die
Kirche verändern**
2. Auflage, 144 Seiten,
geb. mit Schutzumschlag
ISBN 978-3-7022-3508-6

ISBN 978-3-7022-3509-3

Es liegt mittlerweile auf der Hand: Die Welt hat sich verändert, alte „Ordnungen" und „Sicherheiten" wanken, und Europa muss sich neu orientieren. Aber wohin? Bischof Erwin Kräutler benennt sieben Kategorien für ein Leben, das vor dem eigenen Gewissen und vor der Mitwelt bestehen kann: Liebe die Menschen – Schau bei den Armen nicht weg – Achte die Schöpfung – Suche den Frieden – Führe auf Augenhöhe – Hab Mut zu Veränderungen – Es gibt nur eine Welt, nimm deine Verantwortung wahr!

Weihnachten – Fest der Hoffnung für alle

Erwin Kräutler
Als Gott einer von uns wurde
Gedanken zur Weihnachtsbotschaft
56 Seiten, Zweifarbdruck, in Leinen gebunden mit Banderole
ISBN 978-3-7022-3630-4

Ausgehend von persönlichem Erleben in seiner Diözese am Xingu in Amazonien und inspiriert von den biblischen Texten stößt Bischof Erwin Kräutler in diesem Buch zum Kern von Weihnachten vor: der Botschaft, dass Gott den Menschen nahe ist. Abgewiesen in den Herbergen, arm geboren in einem Stall, geflüchtet in ein fremdes Land, um den Todesschwadronen eines Tyrannen zu entgehen, sind Josef, Maria und Jesus den Menschen ähnlich, die heute abgedrängt, heimatlos und ausgeschlossen sind.